1 Wann haben diese Personen Geburtstag?

a Informiere dich im Internet und verbinde richtig.

Robert Pattinson	02. 02. 1977
Angelina Jolie	03. 07. 1987
Shakira	13. 05. 1986
Sebastian Vettel	01. 06. 1973
Dirk Nowitzki	04. 06. 1975
Heidi Klum	19. 06. 1978

b Ergänze die Dialoge.

- Wann hat Robert Pattinson Geburtstag?
- Er hat am 13. Mai Geburtstag.

- Wann hat Angelina Jolie Geburtstag?
- ______________________________

- ______________________________
- ______________________________

- ______________________________
- ______________________________

- ______________________________
- ______________________________

- ______________________________
- ______________________________

2 Erkundige dich bei deinen Mitschülern nach ihrem Geburtstag.
Trage jeweils Namen und Datum in den Kalender ein.

GEBURTSTAGSKALENDER

Januar	Februar	März	April	Mai	Juni

Juli	August	September	Oktober	November	Dezember

3 Betrachte Emels Kalender.
Formuliere ähnliche Dialoge.

- ● *Wann ist Volleyballtraining?*
- ⊙ *Am Montag um 14 Uhr.*
- ● *Wie lange trainierst du?*
- ⊙ *Zwei Stunden. Von 14 Uhr bis 16 Uhr.*

- ● *Wann hast du Gitarrenunterricht?*
- ⊙ ______
- ● ______
- ⊙ ______

- ● ______
- ⊙ ______
- ● ______
- ⊙ ______

- ● ______
- ⊙ ______
- ● ______
- ⊙ ______

- ● ______
- ⊙ ______
- ● ______
- ⊙ ______

- ● ______
- ⊙ ______
- ● ______
- ⊙ ______

- ● ______
- ⊙ ______
- ● ______
- ⊙ ______

4 Notiere die Dialoge und spiele sie mit deinem Partner. Erfindet dann selbst Dialoge und spielt diese.

a Dialog 1

- ● Wir spielen ______________. Kommst du mit?
- ⊙ Ja, ______________ spielt ihr?
- ● Am ______________ um ______________.
- ⊙ Super, ich bin dabei!

Dialog 2

- ● Wir spielen Fußball. ______________?
- ⊙ ________, ich habe ______________.
- ● Hast du Lust, am ______________ um ______________ schwimmen zu gehen?
- ⊙ ________, gerne! Ich freue mich schon!

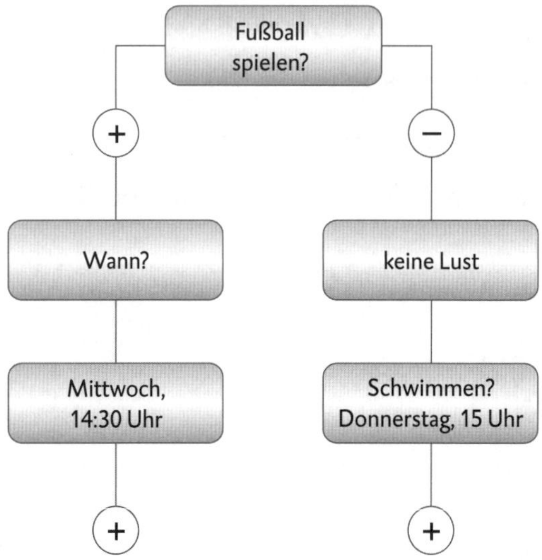

b Dialog 1

- ● ______________
- ⊙ ______________
- ● ______________
- ⊙ ______________

Dialog 2

- ● ______________
- ⊙ ______________
- ● ______________ ______________
- ⊙ ______________

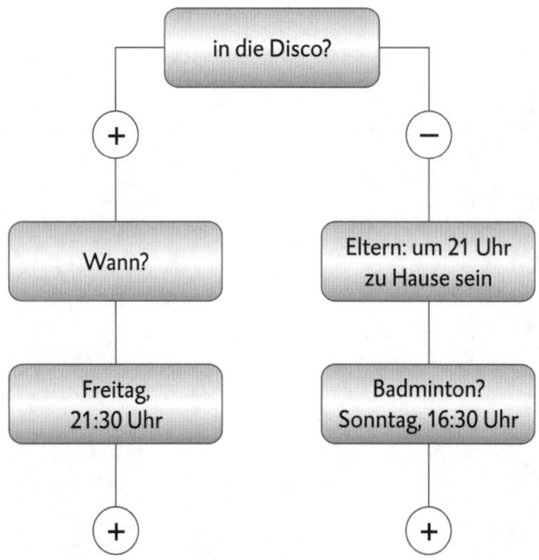

c Dialog 1

- ● ______________
- ⊙ ______________
- ● ______________
- ⊙ ______________

Dialog 2

- ● ______________
- ⊙ ______________
- ● ______________ ______________
- ⊙ ______________

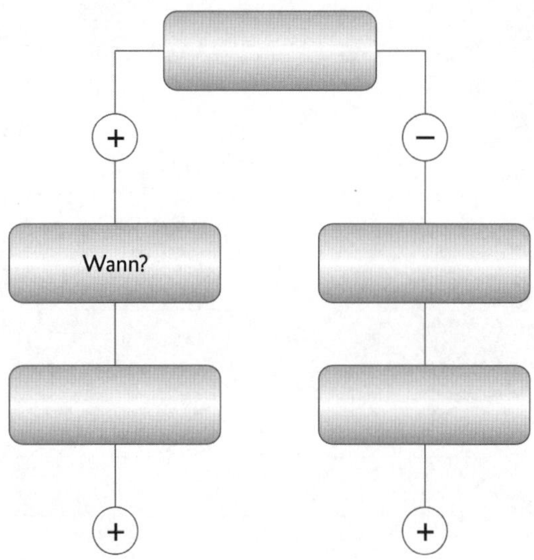

5 Hör genau zu (Track 1) und bringe die Bilder in die richtige Reihenfolge.
Notiere darunter, um welches Geschäft es sich jeweils handelt.

6 Wo kaufst du noch ein?
Setze die Wörter richtig zusammen und notiere sie mit Artikel.

Einkaufs	markt	____________
Bau	geschäft	____________
Schuh	shop	____________
Bio	zentrum	____________
Online	laden	____________
Kauf	stand	____________
Obst	kiosk	____________
Zeitungs	haus	____________

7 Kannst du die Wörter im Kasten lesen?
Ordne sie den Geschäften richtig zu.

auf dem   im   am   beim   im   in der

a __________ Supermarkt   **b** __________ Marktstand

c __________ Fleischer   **d** __________ Konditorei

e __________ Wochenmarkt   **f** __________ Drogeriemarkt

8 Hier sind waagerecht und senkrecht sechzehn Produkte versteckt.
Trage sie richtig in die Tabelle ein und notiere sie mit Artikel.

A	B	X	Z	E	I	T	U	N	G	I	J	R	U	B	N	T	I	Ä	M	N	X	G	T	Ö
B	L	Z	Y	U	Ü	J	K	L	Ö	E	M	N	F	X	P	A	S	C	H	I	N	K	E	N
H	U	S	T	E	N	S	A	F	T	P	T	L	Ä	O	M	B	I	Y	B	G	V	Ü	Z	U
J	M	L	G	N	Z	I	T	O	V	C	B	W	R	M	G	L	E	S	D	R	F	D	J	S
Q	E	K	R	K	R	N	B	H	W	T	P	O	T	H	T	E	A	X	P	W	D	U	B	S
H	N	U	S	A	L	A	M	I	G	L	F	R	U	C	H	T	S	A	F	T	W	S	M	S
G	K	N	H	T	N	T	V	M	E	N	M	T	I	T	G	T	D	V	L	V	S	C	W	C
V	O	L	L	K	O	R	N	B	R	O	T	Ä	S	F	I	E	H	C	A	B	J	H	G	H
B	H	H	J	E	S	S	Q	E	Y	V	B	J	P	E	O	N	K	N	U	Ä	P	G	M	N
N	L	E	W	R	V	T	R	E	B	H	F	T	I	U	M	K	Ü	D	M	L	Z	E	O	E
M	R	T	A	L	B	R	Z	R	Ü	Z	A	H	N	B	Ü	R	S	T	E	T	J	L	L	K
P	D	R	W	Ä	U	J	N	E	T	S	F	D	A	I	J	K	M	B	N	R	T	P	F	C
S	C	W	K	L	I	M	O	N	A	D	E	B	T	D	K	A	U	G	U	M	M	I	X	E

in der Fleischerei	beim Bäcker	im Gemüseladen	in der Drogerie
im Getränkemarkt	**am Kiosk**	**am Obststand**	**in der Apotheke**

9 a Ordne die Mengenangaben sinnvoll zu und notiere sie.

ein Becher, fünf Scheiben, eine Schachtel, ein Sack, ein Laib, eine Flasche, ein Kasten, eine Tube, ein Liter, eine Tafel, ein Glas, ein Bund, 500 Gramm, eine Packung, eine Tüte, eine Dose

→

Schinken, Milch, Mineralwasser, Brot, Zahnpasta, Chips, Hackfleisch, Kartoffeln, Eier, Traubensaft, Mais, Petersilie, Schokolade, Waschpulver, Joghurt, Marmelade

- *fünf Scheiben Schinken*
-
-
-
-
-
-
-

b Bilde mit den Mengenangaben mindestens acht Sätze wie im Beispiel.

Ich kaufe beim Metzger fünf Scheiben Schinken.

10 Hör genau zu (Track 2).
Ergänze die Lücken in den Dialogen.

a Beim Bäcker

Dialog 1

● Guten ______________! Was darf es sein?
⊙ Hallo! Vier Laugenstangen, bitte.
● ______________. Darf es noch etwas sein?
⊙ Was ______________ eine Quarktasche?
● Einen Euro zwanzig.
⊙ Dann bekomme ich zwei ______________.
● Haben Sie sonst noch einen Wunsch?
⊙ Nein, ______________!
● Das sind dann genau fünf Euro.

Dialog 2

● Guten Tag! Was kann ich für Sie tun?
⊙ Ich ______________ drei Croissants.
● Tut mir leid, ich habe nur noch ______________.
⊙ Schade. Dann ______________ ich diese beiden und ein Rosinenbrötchen.
● Bitte schön. Darf es noch etwas sein?
⊙ Danke, das war ______________.
● Das macht ______________ zwei Euro neunzig.

b In der Metzgerei

Dialog 1

● Guten Tag! Was bekommen Sie?
⊙ 150 ______________ Aufschnitt, bitte.
● ______________ noch etwas dazu?
⊙ ______________ Sie Kalbsschnitzel?
● Natürlich. Wie viel möchten Sie?
⊙ Zwei dünne ______________, bitte.
● Gern. Ist das alles?
⊙ ______________, danke!
● Acht Euro neunundvierzig, bitte.

Dialog 2

● Hallo! Was darf es sein?
⊙ 250 Gramm Hackfleisch vom ______________.
● 270 Gramm? Ist das in ______________?
⊙ Ja, das ist ok. Und dann bekomme ich noch ein ______________ Mettwurst.
● ______________ oder fein?
⊙ Das ______________ Stück da von der feinen, bitte! Das ist dann alles, danke!
● Das macht vier Euro fünfundachtzig.

c Im Obst- und Gemüseladen

Dialog 1

⊙ Hallo! Haben Sie ______________ Spargel?
● Ja, heute Morgen eingetroffen.
⊙ Dann hätte ich gern ein ______________.
● Noch etwas?
⊙ Was ______________ die Erdbeeren?
● Die ______________ drei Euro neunzehn.
⊙ Dann bleibt es beim Spargel. Danke!
● Das sind dann sechs ______________ fünfundsiebzig für den Spargel.

Dialog 2

● ______________! Was kann ich für Sie tun?
⊙ Guten Tag! Wie ______________ sind denn die Wassermelonen?
● Die sind gerade im ______________: Das Stück kostet einen Euro neunundneunzig.
⊙ Dann ______________ Sie mir bitte eine.
● ______________ gern. Das ist alles?
⊙ Ja, danke!

11 Besuche den Wochenmarkt in deinem Ort. Dort werden frische Nahrungsmittel wie Obst, Gemüse, Kräuter, Milchprodukte, Fisch und Fleisch angeboten.

a Hör den Einkaufsgesprächen an den Marktständen aufmerksam zu.
Notiere typische Äußerungen von Kunden und Verkäufern.

Kunde:	Verkäufer:
• *Haben Sie ... ?*	• *Darf es noch etwas sein?*
• *Was kostet ... ?*	•
•	•
•	•
•	•
•	•
•	•

b Erstelle eine Preisliste.
Gehe zu den Marktständen und erfrage jeweils die Preise für mindestens zwei Produkte.

Gemüse	Preis pro Menge

Früchte	Preis pro Menge

Milchprodukte	Preis pro Menge

Fleisch und Wurst	Preis pro Menge

c Übe mit deinem Partner verschiedene Verkaufsgespräche ein.
Spielt sie dann euren Mitschülern vor.

12 Lies den Text.
Welche Wörter sind unpassend?
Streiche sie durch.

Familie Berger fährt am *Samstag / Sonntag* in die Stadt, um in einem *Großmarkt / Einkaufszentrum* einkaufen zu gehen. Vater Peter parkt in der *Drogerie / Tiefgarage*, denn so müssen sie nicht durch den Regen laufen, sondern können mit der *Fahrbahn / Rolltreppe* direkt in die *Einbahnstraße / Ladenstraße* fahren. Peter braucht unbedingt neue *Blusen / Hemden*, aber die beiden Kinder Ben und Jana *quengeln / schlafen*. Sie wollen sofort zur *Eishalle / Eisdiele* gehen. Mutter Sabine ärgert sich, denn niemand interessiert sich für den *schönen / schweren* Schmuck in der *Auslage / Einlage* des *Optikers / Juweliers*. Nachdem sich die Familie getrennt hat, geht Peter in ein *Bekleidungsgeschäft / Schuhgeschäft*. Eine *Einkäuferin / Verkäuferin* berät ihn beim Aussuchen seiner *Oberbekleidung / Überbekleidung*. In der Zwischenzeit kauft sich Sabine beim Goldschmied ein Paar *Schuhe / Ohrringe*. Als die beiden ihre Kinder wiederfinden, sitzen Ben und Jana vor einem riesigen *Eiskrug / Eisbecher*.

13 Ihr plant ein gemeinsames Frühstück mit der ganzen Klasse. Was müsst ihr dafür besorgen? Schreibt einen Einkaufszettel.

a Bildet vier Gruppen und teilt euch auf verschiedene Geschäfte auf.

b Vergleicht eure Einkaufszettel untereinander, damit ihr nichts doppelt besorgt.

14 Lies und ordne richtig zu.

hinten
rechts
vorne
links
oben
unten

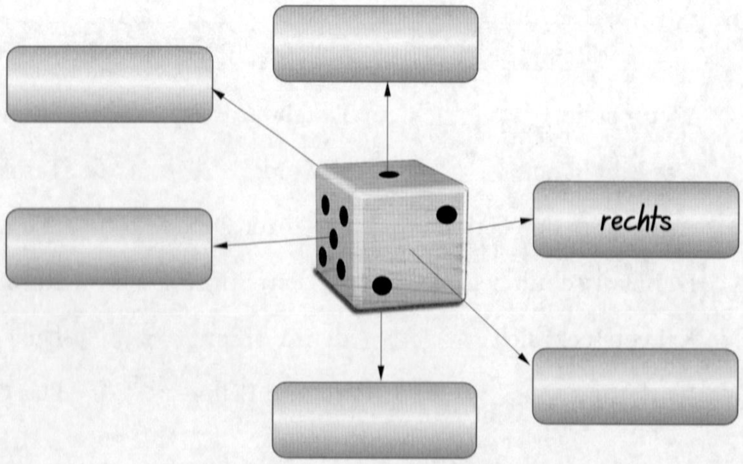

15 Wer sitzt wo im Klassenzimmer?

a Stellt euch gegenseitig Fragen und antwortet.

Wo sitzt … ?

… hinter …

… links neben …

… vor …

… rechts neben …

Lehrerpult

Tom	Mischa	Elena	Marta	Karina	Emel	Andrej	Nami
Carlos	Luca	Mesut	Caroline	Kerem	Maria	Leo	Marina
Lucia	Aylin	Murat	Pedro	Malte	Victor	Ayse	Laura

b Wo sitzt ihr?
Zeichnet einen Sitzplan für eure Klasse und stellt euch Fragen.

16 Wo? Setze in die Lücken jeweils die passende Präposition aus dem Kasten ein.

am – an – auf – bei – hinter – im – in – neben – über – unter – vor – zwischen

a Victor steht __________ dem Skateboard.

b Emel wohnt __________ der Bergstraße 3.

c Das Bild hängt __________ der Wand.

d Tarek liegt krank __________ Bett.

e Anna ist in den Ferien __________ ihrer Oma.

f Die Lampe hängt __________ dem Tisch.

g Der Hausschuh liegt __________ dem Sofa.

h Robin sitzt __________ Benni.

i Kai versteckt sich __________ dem Vorhang.

j Lena steht __________ der Tür und klingelt.

k Jenny sitzt ______________ Caro und Feline.

l Das Café liegt __________ See.

17 Beschreibt die Postkarte.

Beispiel: *Oben links ist die Siegessäule.*

18 Wohin? Setze die fehlenden Präpositionen ein.

ans – auf – durch – in – ins – nach – zu – zum – zur

Die Klasse 9b macht einen Ausflug __________ die Hauptstadt. Herr Weber und seine Klasse fahren mit dem Zug __________ Berlin. Dort nehmen sie die U-Bahn __________ Brandenburger Tor. Dann geht es zu Fuß __________ die Stadt. Sie laufen __________ Spreeufer, weiter __________ die Museumsinsel und schließlich __________ Oberbaumbrücke. Am Abend wollen die Schüler unbedingt __________ einer angesagten Party, aber Herr Weber entscheidet, dass sie __________ Theater gehen.

19 Hier sind waagerecht und senkrecht fünfzehn Fortbewegungsmittel versteckt. Ordne sie in der Tabelle dem richtigen Artikel zu.

B	M	I	T	S	T	R	A	ß	E	N	B	A	H	N	X	T	S	–	B	A	H	N	V	U	E	G
R	O	F	B	D	E	F	–	Y	W	G	N	K	C	E	L	H	C	S	G	H	D	T	A	X	I	Ö
T	T	C	M	Z	G	D	K	H	Q	Ä	F	–	M	G	D	F	H	C	S	U	S	N	H	J	S	K
R	O	U	H	U	B	S	C	H	R	A	U	B	E	R	I	Ä	I	D	T	–	Z	N	L	Y	E	F
G	R	T	M	G	N	P	A	U	P	K	G	U	K	P	T	C	F	X	F	B	E	A	C	G	N	E
M	R	–	W	H	L	Ä	M	G	V	L	A	S	T	K	R	A	F	T	W	A	G	E	N	I	B	H
F	A	H	R	R	A	D	B	K	Z	R	U	M	B	Ö	E	R	R	C	E	H	Z	O	R	Z	A	I
Z	D	J	Ü	P	C	Y	A	Ö	K	E	T	–	X	A	W	K	T	Z	L	N	H	V	Ü	J	H	P
Q	G	N	B	K	M	O	T	O	R	R	O	L	L	E	R	J	M	T	R	A	M	B	A	H	N	L

der	die	das

20 **a** Wer fährt mit was? Verbinde richtig.

Herr Berger | Simon | Frau Mamo | Benjamin | Frau Schmitt | Andrea

b Bilde Sätze wie im Beispiel.

Herr Berger fährt nicht mit dem Motorroller. Er fährt mit dem Lkw.

____

____

____

____

____

21 Welche Fortbewegungsmittel hast du schon benutzt?
Wie bist du nach Deutschland gekommen?
Erzähle es deinem Nachbarn.

22 Für das Verb „gehen“ gibt es noch viele andere Verben.
Unterscheide sie in schnelles und langsames Gehen.

bummeln
eilen
flitzen
hasten
hetzen
hinken
jagen
~~kriechen~~
laufen
rasen
~~rennen~~
sausen
schleichen
schlendern
schlurfen
spazieren
spurten
stolzieren
trödeln
trotten

23 Setze in die Lücken jeweils das passende Verb ein.

gleiten – schreiten – stapfen – stürmen – tappen – waten

a Nach dem Schlusspfiff ______________________ die Fans aufs Spielfeld.

b Die Filmstars ______________________ über den roten Teppich zur Preisverleihung.

c Die Kinder ______________________ mit festen Winterstiefeln durch den Schnee.

d Um ans andere Ufer zu kommen, müssen wir durch das Wasser ______________________.

e Bei der Suche nach dem Dieb ______________________ die Polizisten weiter im Dunkeln.

f Die Snowboarder ______________________ den verschneiten Hang hinab.

24 Wie bewegen sich diese Personen fort?
Finde jeweils ein passendes Verb.

a

____

b

____

c

____

d

____

e

____

f

____

g

____

h

____

i

____

25 Setze passende Verben aus den letzten Übungen ein.

In den Sommerferien __________ meine Eltern und ich in die USA zu unseren Verwandten nach Los Angeles. Mein Onkel hat schon versprochen, dass wir mit seinem Motorboot zum Fischen __________. Außerdem möchte ich Sport treiben und jeden Morgen am Strand __________ und danach im Meer __________. Meine Mutter aber hat andere Pläne: Sie will über den Hollywood Boulevard __________ und durch Einkaufszentren __________. Doch mein Vater hat keine Lust, den ganzen Urlaub von einem Geschäft zum anderen zu __________. Er plant deshalb einen Ausflug in den Yosemite-Nationalpark, weil er dort __________ möchte. Besonders cool finde ich, dass man in Kalifornien schon mit 16 Jahren seinen Führerschein machen kann und Auto oder Motorrad __________ darf. Leider gilt dies nicht für Touristen. Aber mein Vater meint, dass wir uns einen Motorroller ausleihen können und ich an der kalifornischen Küste entlang __________ darf. Ich freue mich schon so auf den Urlaub, dass ich am liebsten in die Luft __________ möchte.

26 Lasst euch diese Seite von eurer Lehrerin/eurem Lehrer kopieren.
Schneidet die Kärtchen aus und legt sie auf vier Stapel.
Zieht dann von jedem Stapel eine Karte und bildet daraus Sätze wie im Beispiel.

Beispiel: *Elena ist im Schwimmbad. Später fährt sie mit dem Bus ins Kino.*

♦ Elena	★ Schwimmbad	✿ fahren – Bus	❖ Kino
♦ Der Polizist	★ Einkaufszentrum	✿ fahren – U-Bahn	❖ Bäckerei
♦ Marta	★ Theater	✿ gehen – zu Fuß	❖ Post
♦ Die Jugendlichen	★ Schule	✿ fahren – Fahrrad	❖ Jugendzentrum
♦ Alexej	★ Spielplatz	✿ fahren – Taxi	❖ Party
♦ Mein Nachbar	★ Museum	✿ laufen	❖ Disco
♦ Familie Koch	★ Café	✿ fahren – Zug	❖ Bücherei
♦ Meine Eltern	★ Supermarkt	✿ gehen	❖ Restaurant
♦ Sophia	★ Schuhgeschäft	✿ fahren – Mofa	❖ Park
♦ Die Touristen	★ Fußballplatz	✿ fahren – Auto	❖ Kirche
♦ Rita und Milan	★ Eisdiele	✿ laufen	❖ Rathaus
♦ Herr Helmer	★ Bank	✿ fahren – S-Bahn	❖ Hotel
♦ Frau Biller	★ Kaufhaus	✿ gehen – zu Fuß	❖ Apotheke

27 Betrachte den Stadtplan und hör genau zu (Track 3).

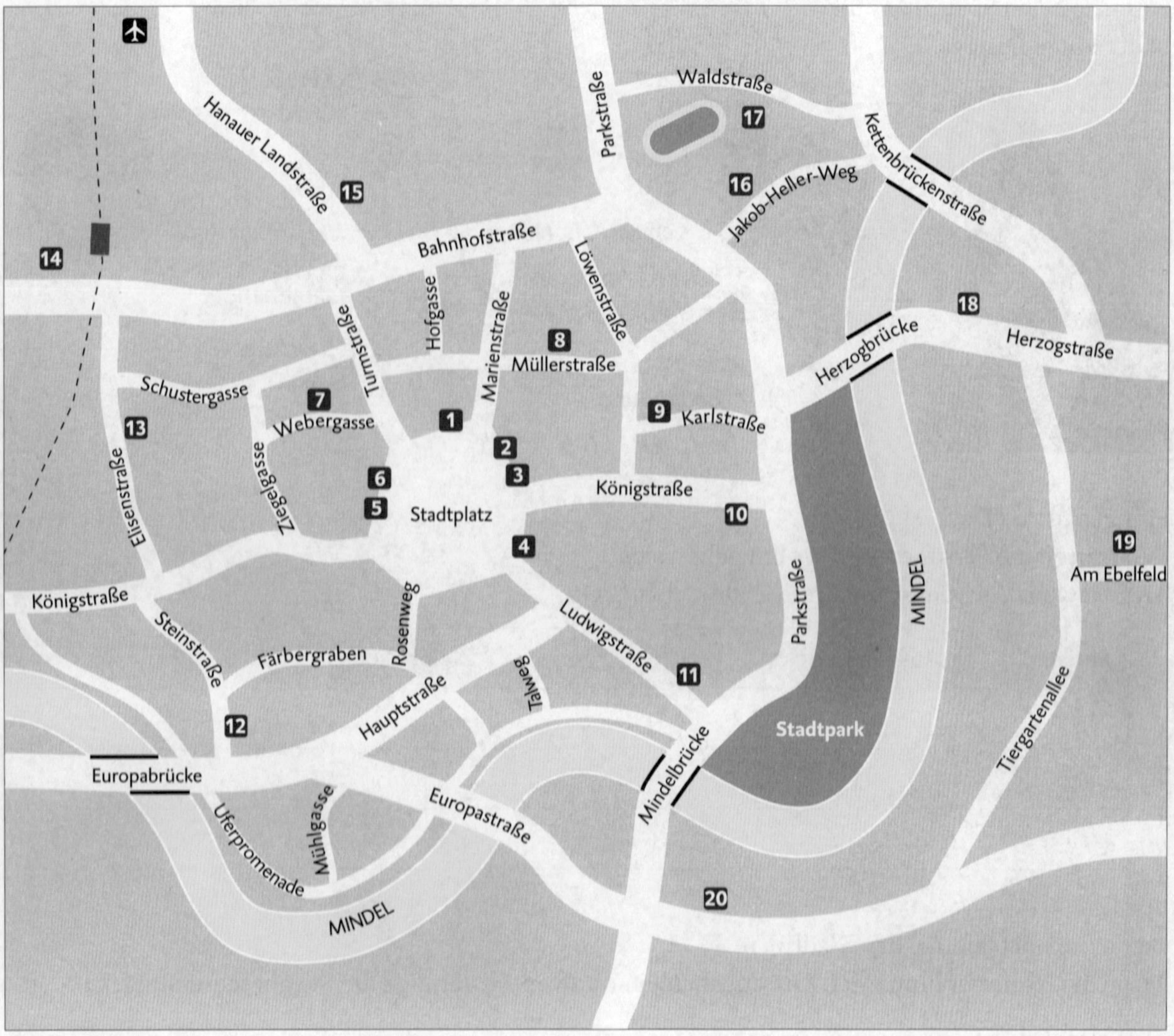

1 Marienkirche
2 Rathaus
3 ____________
4 Theater
5 Bäckerei
6 Eisdiele
7 ____________
8 Bank
9 Bücherei
10 Polizei
11 Kaufhaus
12 Supermarkt
13 Post
14 Bahnhof
15 ____________
16 ____________
17 Sportplatz
18 Schule
19 Tierpark
20 Feuerwehr

a Wie heißt diese Kleinstadt? Kreuze an.

- ☐ Mindelstadt
- ☐ Mindelstein
- ☐ Mindelberg

b Zwischen welchen drei großen Straßen liegt das Stadtzentrum? Nenne sie.

____

c Trage oben bei den jeweiligen Nummern die fehlenden Orte ein.

28 Arbeite mit einem Mitschüler.
Betrachtet den Stadtplan und bildet kurze Dialoge.

29 Hör genau zu (Track 4).
Wo starten die Personen und wohin gehen sie?
Trage jeweils Ausgangspunkt und Zielort richtig ein.

	Person	Ausgangspunkt	Zielort
a	Mann		
b	Junge		
c	Frau		

30 Betrachte noch einmal den Stadtplan.
Trage die Nummer hinter den Ortsangaben ein und vervollständige die Wegbeschreibungen.

a **Bank (____) → Supermarkt (____)**

Biegen Sie von der Müllerstraße nach ____________ in die Marienstraße ein, dann kommen Sie zum ________________. Gehen Sie ________________ über den Platz. Von dort geht der ________________ hinunter zum Färbergraben. In den Färbergraben biegen Sie nach ____________ ein und laufen geradeaus, bis Sie zur ________________ kommen. Biegen Sie an der Kreuzung ____________ ab, dann können Sie den Supermarkt schon sehen.

b **Bücherei (____) → Tierpark (____)**

Gehen Sie die ________________ bis zur Parkstraße hinunter. Von dort können Sie schon die ________________ sehen, die über die ________________ führt. Überqueren Sie diese und gehen Sie auf der ________________ bis zur ersten Kreuzung entlang. Biegen Sie dann ____________ in die ________________ ein. Auf dieser laufen Sie noch ein Stück, bis auf der linken Seite der kleine Weg „________________" abzweigt. Der Eingang des Tierparks ist gleich am Anfang des Wegs.

31 Suche die Orte auf dem Stadtplan und erstelle die Wegbeschreibungen.

a **Schule (____) → Schwimmbad (____)**

____

____

____

____

____

b **Kaufhaus (____) → Krankenhaus (____)**

____

____

____

____

____

c **Bücherei (____) → Sportplatz (____)**

____

____

____

____

____

d Vergleiche deine Wegbeschreibungen mit denen deines Nachbarn.
Geht er immer den gleichen Weg?
Zeichnet eure Wege auf dem Stadtplan ein.

32 Verfasse eine Wegbeschreibung und lasse deinen Partner Ausgangspunkt und Zielort erraten.

Ich gehe ____

____

____

____

____

Wo bin ich losgegangen? ____________________ Wohin bin ich gegangen? ____________________

33 Besorge dir einen Straßenplan deiner Stadt. Den bekommst du in der Regel kostenlos bei der Touristeninformation.
Zeichne dort deinen Schulweg ein. Markiere auch andere wichtige Plätze.

34 Weißt du, was diese Verkehrszeichen bedeuten?
Kopiere diese Seite. Schneide dann die Karten aus und lege sie richtig aneinander.

Los geht's!

Halt! Vorfahrt gewähren
Du musst an der Haltelinie anhalten und andere Verkehrsteilnehmer vorbeilassen.

Vorfahrtstraße
Wenn du auf dieser Straße fährst, hast du Vorfahrt.

Keine Einfahrt
Diese Straße ist eine Einbahnstraße. Von dieser Seite darfst du nicht in die Straße hineinfahren.

Einbahnstraße
Auf dieser Straße darfst du nur in diese Richtung fahren.

Haltestelle
Hier halten Straßenbahnen oder Linienbusse.

Verbot für Radfahrer
Radfahrer dürfen hier nicht fahren.

Radfahrer
Radfahrer müssen den Radweg benutzen. Für andere Verkehrsteilnehmer ist dies verboten.

Sackgasse
Hier kommst du nicht weiter. Diese Straße endet.

Vorfahrt gewähren
Als Fahrradfahrer solltest du langsam fahren, da andere Verkehrsteilnehmer Vorfahrt haben.

Gemeinsamer Fuß- und Radweg
Gib als Fahrradfahrer gut acht, weil hier auch Fußgänger unterwegs sind.

Ampel
Pass auf! Auf dieser Straße kommt bald eine Ampel.

Gefahrenstelle
Achtung! Dieses Zeichen weist auf eine gefährliche Stelle hin.

Fußgängerüberweg
Mit dem Fahrrad solltest du langsam heranfahren und anhalten, wenn Fußgänger die Straße überqueren.

Ziel

35 Sinan möchte eine Fahrkarte am Schalter kaufen.
Seine Aussagen sind durcheinandergeraten. Bringe sie in eine sinnvolle Reihenfolge (1 bis 17).

( ) *Sinan:* Ich brauche eine Fahrkarte nach Stuttgart.
(2) *Angestellter:* Guten Tag, wie kann ich Ihnen helfen?
( ) *Sinan:* Ok, dann fahre ich mit dem Intercity.
(4) *Angestellter:* Wann möchten Sie fahren? Brauchen Sie auch eine Rückfahrkarte?
( ) *Sinan:* Nein, danke.
(6) *Angestellter:* Es fährt ein Regional-Express um 15:19 Uhr oder ein Intercity um 16:06 Uhr.
( ) *Sinan:* Guten Tag!
(8) *Angestellter:* Mit dem Regional-Express dauert die Fahrt 1 Stunde 18 Minuten. Sie müssen einmal umsteigen. Der Intercity fährt direkt und braucht nur 43 Minuten.
( ) *Sinan:* Was kostet die Fahrt?
(10) *Angestellter:* Die Fahrt im Regional-Express kostet 18,10 Euro, im Intercity 20,50 Euro.
( ) *Sinan:* Wie lange dauert die Fahrt? Muss ich umsteigen?
(12) *Angestellter:* Möchten Sie eine Reservierung?
( ) *Sinan:* Nein, ich brauche nur eine einfache Fahrt für heute Nachmittag.
(14) *Angestellter:* Das macht dann 20,50 Euro.
( ) *Sinan:* Vielen Dank! Auf Wiedersehen.
(16) *Angestellter:* Danke. Der Zug fährt von Gleis 3 ab. Gute Fahrt!
( ) *Sinan:* Hier, bitte.

36 Spiele mit deinem Nachbarn ähnliche Gespräche am Fahrkartenschalter nach.

	Haltestelle	Zug	Abfahrt	Dauer	Umsteigen	Gleis	Preis
a	Frankfurt	Regional-Express (RE)	10:18	2:11	2	3	33,20 €
		Intercity (IC)	11:05	1:42	0	7	41,40 €
b	München	Intercity (IC)	17:22	1:54	1	1	45,10 €
		Intercity-Express (ICE)	18:27	1:07	0	4	52,00 €

37 Hör genau zu (Track 5).
Streiche die falschen Informationen durch.

a Die Durchsagen werden am Hauptbahnhof in *Frankfurt / Köln / Hamburg* gemacht.
b Der Intercity *aus / nach / über* München hat 10 Minuten Verspätung.
c Der ICE aus Hamburg kommt *zu früh / pünktlich / verspätet.*
d Der ICE aus Hamburg hat seine Endstation in *Mannheim / Basel / Zürich.*
e Die Wagen der *ersten / zweiten / dritten* Klasse befinden sich im Abschnitt C.
f Der Regional-Express nach Mannheim fährt von *Gleis 7 / Gleis 11 / Gleis 12* ab.

38 Du stehst am Bahnhof in Neustadt.
Betrachte den Netzplan und beantworte die Fragen der anderen Reisenden.

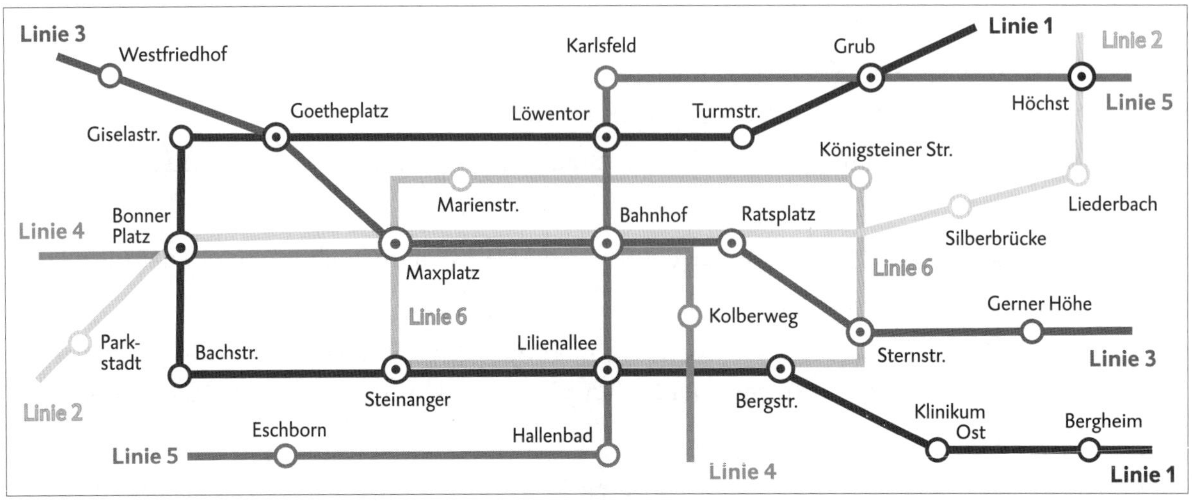

a Entschuldigung, welcher Bus fährt von hier zum Bonner Platz?
Zum Bonner Platz fahren die Linien 2 und 4.

b Entschuldigen Sie, fährt der Bus 3 nach Liederbach?

c Wie komme ich bitte zum Westfriedhof?

d Entschuldigung, welcher Bus fährt nach Bergheim?

e Entschuldigen Sie, wie komme ich in die Königsteiner Straße?

39 Arbeite mit einem Mitschüler zusammen.
Stellt euch gegenseitig Fragen und antwortet.

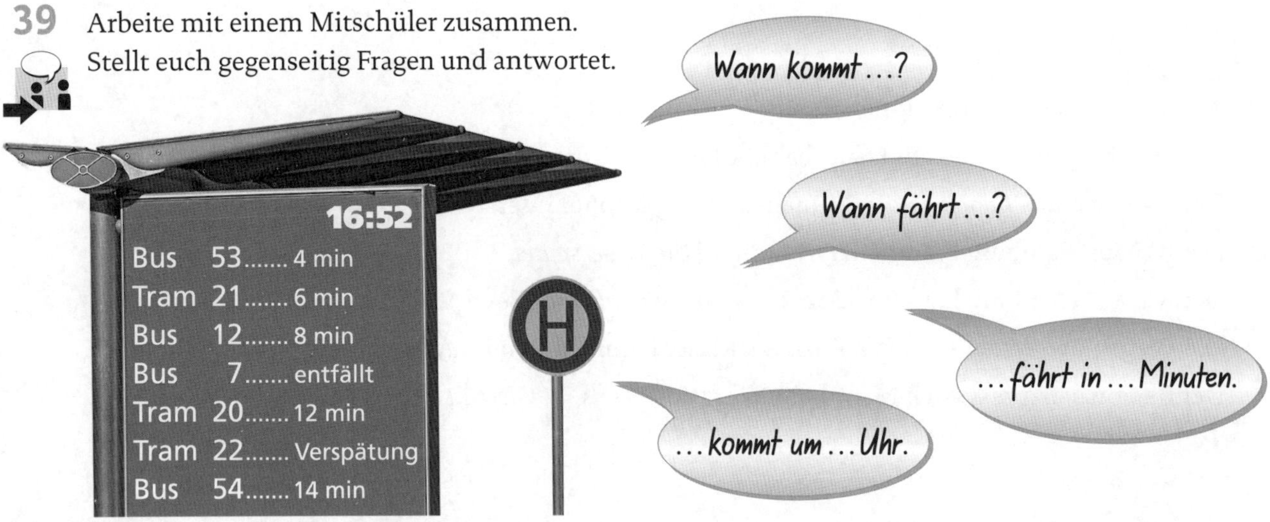

40 Fahrkarten kaufst du nicht nur am Schalter, sondern auch am Automaten.

a Wie heißen die einzelnen Bestandteile des Automaten?
Notiere die Begriffe bei den passenden Nummern.

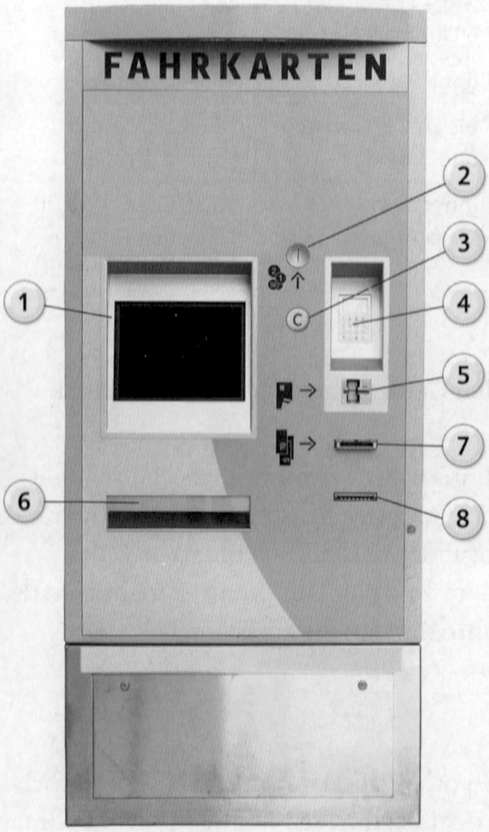

Kartenleser
Münzschlitz
Banknotenrückgabe
Bildschirm
Korrekturtaste
Banknoteneingabe
PIN-Pad
Ausgabefach

(1) ______________________

(2) ______________________

(3) ______________________

(4) ______________________

(5) ______________________

(6) ______________________

(7) ______________________

(8) ______________________

b Ordne dann die Beschreibungen richtig zu.
Trage auch hier die passenden Nummern ein.

( ) Diesem Fach kannst du dein Wechselgeld und die gekaufte Fahrkarte entnehmen. Bei einzelnen Automaten kannst du dir auch Fahrpläne ausdrucken lassen.

( ) Auf diesen Touchscreen kannst du drücken und das Ticket auswählen, das du kaufen möchtest. Auf dem Display wird dir auch der Preis für die gewünschte Fahrkarte angezeigt.

( ) In diese Öffnung kannst du Münzen einwerfen, um dein Ticket zu bezahlen. Meistens werden keine 1- oder 2-Cent-Stücke angenommen, sondern es ist nur der Einwurf von der 5-Cent- bis zur 2-Euro-Münze möglich.

( ) An den meisten Automaten kannst du mit 5-, 10- und 20-Euro-Scheinen bezahlen. Aber Vorsicht: Dein Wechselgeld bekommst du oft nur in Münzen zurück.

( ) Du kannst an den Automaten auch bargeldlos bezahlen, indem du deine EC- oder Geldkarte in diesen Schlitz steckst.

( ) Auf dieser Taste ist ein „C“ aufgedruckt. Wenn du sie drückst, werden alle bisherigen Eingaben gelöscht und du kannst noch einmal von vorne beginnen.

( ) Wenn der Automat deinen Geldschein nicht annimmt, kommt er hier wieder heraus.

( ) Bei Kartenzahlung kannst du auf diesem Tastenfeld deine Geheimzahl eingeben.

41 Lies die Infotabelle über die Tarife der Verkehrsbetriebe.

	(1) Monatsticket Ausbildungstarif	(2) Monatsticket	(3) Monatsticket Langschläfer	(4) Streifenticket
Einschränkungen	nur für Schüler, Azubis, Studenten	keine	Mo – Fr nicht von 6 Uhr bis 9 Uhr	keine
Übertragbarkeit	nicht übertragbar	übertragbar	übertragbar	übertragbar
gültig für	1 Person	1 Person	bis zu 2 Erwachsene und 3 Kinder	1 Person/1 Fahrt (1 bis 2 Streifen)
Geltungsbereich/ Preis	Innenraum 21,50 Gesamtnetz 30,30	Innenraum 29,40 Gesamtnetz 40,20	Innenraum 24,30 Gesamtnetz 33,10	10 Streifen 10,20 1 Streifen (Innen) 2 Streifen (Gesamt)

Für wen lohnt sich welches Ticket?
Notiere jeweils die Ticketnummer und gib auch den passenden Geltungsbereich und den Preis an.

a Simon:

„Meistens bin ich mit dem Skateboard unterwegs. Damit bin ich viel schneller in der Berufsschule als mit dem Bus. Zu meinem Ausbildungsbetrieb ist es weiter, er liegt zwar noch im Innenraum, aber mit dem Bus müsste ich dreimal umsteigen. Deshalb fahre ich hier mit dem Fahrrad. Nur wenn es richtig stark regnet, mache ich eine Ausnahme und fahre mit den Öffentlichen."

Ticket (   ) ______________________________

b Paula:

„Bin ich froh, wenn die Schule endlich vorbei ist. Dann muss ich hoffentlich nicht mehr so früh aufstehen. Der Unterricht beginnt schon um kurz vor 8 Uhr. Und um zur Schule zu kommen, brauche ich eine Dreiviertelstunde, weil ich mit dem Bus fast das gesamte Netz durchqueren muss. Das ist leider viel zu weit, um mit dem Fahrrad zu fahren."

Ticket (   ) ______________________________

c Herr Reimann:

„Ich wohne am Rand des Innenraums und fahre jeden Morgen ca. 20 Minuten mit dem Bus ins Stadtzentrum zur Arbeit. Meistens bin ich zwischen 8 Uhr und 9 Uhr im Büro. Ich finde die öffentlichen Verkehrsmittel im Berufsverkehr viel besser, weil man mit dem Auto immer im Stau steckt. Auch am Wochenende bin ich gern ohne Auto unterwegs, dann muss ich keinen Parkplatz suchen."

Ticket (   ) ______________________________

d Frau Schuster:

„Das Leben als Rentner ist wirklich schön. Morgens kann ich ausschlafen und nach einem gemütlichen Frühstück mit der Straßenbahn in die Innenstadt fahren. Meistens kommt mein Mann auch mit. Wir gehen regelmäßig ins Museum oder ins Theater. Wenn wir auf unsere beiden Enkel aufpassen, fahren wir auch gern in den Tierpark, der am anderen Ende des Gesamtnetzes liegt."

Ticket (   ) ______________________________

42 Du willst mit Freunden nach Berlin fahren.

a Suche auf der Seite www.bahn.de mögliche Zugverbindungen.
Schreibe drei unterschiedliche Möglichkeiten mit den Preisangaben heraus.
Notiere auch die Städte, in denen ihr umsteigen müsst.

(1) ______________________________

____

(2) ______________________________

____

(3) ______________________________

____

b Übernachten möchtet ihr möglichst günstig in einer Jugendherberge.
Wähle auf www.jugendherberge.de drei unterschiedliche Unterkünfte aus und informiere dich über diese. Notiere wichtige Informationen in der Tabelle.

Name			
Adresse			
Entfernung zum Stadtzentrum			
Anzahl der Betten/ Zimmer			
Freizeitmöglichkeiten			
Mahlzeiten			
Preise			
Sonstiges			

c Entscheidet euch nun für eine der drei Jugendherbergen.
Hole dann bei den Berliner Verkehrsbetrieben unter www.bvg.de Informationen zur Anreise ein.
Notiere, mit welchen Verkehrsmitteln ihr vom Bahnhof am besten zur Jugendherberge kommt.

____

____

____

____

____

____

____

d Informiere dich über interessante Sehenswürdigkeiten in Berlin.
Wähle drei aus und stelle diese kurz deinen Freunden vor.

(1) ______________________________

____

____

(2) ______________________________

____

____

(3) ______________________________

____

____

e Da für die Zeit eures Berlin-Aufenthaltes leider Regen gemeldet ist, wollt ihr auch einen Nachmittag im ALEXA Shoppingcenter verbringen.
Informiere dich im Internet über dieses Einkaufszentrum. Wähle drei Geschäfte aus, die du dort besuchen möchtest, und notiere, was man dort kaufen kann.

Geschäft	Warenangebot

43 Du musst ein ganzes Jahr lang allein auf einer einsamen Insel verbringen und darfst nur drei Dinge mitnehmen.
Diskutiere mit deinen Mitschülern, was du mitnimmst.
Folgende Satzanfänge können dir helfen:

44 Lies den Text.

Klassenfahrt nach Berlin

Wochenlang haben die Schüler der Klasse 9b versucht, Herrn Weber zu überreden, am Ende des Schuljahres doch noch eine Klassenfahrt mit ihnen zu machen. Nach langem Bitten und Betteln konnten sie ihn schließlich überzeugen.

Herr Weber: Guten Morgen!

Klasse: Guten Morgen, Herr Weber!

Herr Weber: Heute können wir leider nicht mit Mathe beginnen. Ihr seid jetzt bestimmt traurig, aber wir haben etwas Wichtiges zu besprechen. Nachdem ihr mir jetzt bei vielen Gelegenheiten gezeigt habt, dass ich mich auf euch verlassen kann, möchte ich kurz vor den Sommerferien mit euch wegfahren. Aber nur, wenn ihr euch vorher auf die Prüfungen konzentriert und fleißig lernt.

Marta: Wahnsinn! Italien, Italien! Wir fahren nach Italien, baden im Meer, essen Pizza und Eis!

Andrej: Quatsch! Wir fahren natürlich nach Berlin! Ich will Hertha BSC spielen sehen.

Herr Weber: Ruhe, bitte! Wohin wir fahren, steht schon fest, denn unsere Schule hat bei dem Projekt „Schule gegen Rassismus" den zweiten Preis gewonnen. Es ist eine viertägige Fahrt in die deutsche Hauptstadt Berlin und unsere Rektorin Frau Koch möchte, dass unsere Klasse den Gutschein bekommt. So müssen eure Eltern für die Fahrt und die Unterkunft nichts bezahlen.

Pedro/Emel: Berlin! Berlin! Wir fahren nach Berlin!

Nachdem der Prüfungsstress endlich vorbei ist und Herr Weber mit den Ergebnissen seiner Schüler zufrieden ist, kann die Klasse 9b die Reise nach Berlin organisieren. Victor und Laura informieren sich über die Berliner Sehenswürdigkeiten, während sich Pedro und Emel im Internet mit dem öffentlichen Nahverkehr beschäftigen. Die Klasse hat wirklich Glück: Ihre Unterkunft liegt genau an einer Bushaltestelle und nur wenige hundert Meter von einer U-Bahnstation entfernt.

Zwei Wochen vor den Sommerferien ist es dann so weit: Das große Abenteuer beginnt – leider schon sehr früh am Morgen. Der Zug fährt um 5:22 Uhr ab und Herr Weber besteht darauf, dass die Klasse sich bereits um zehn vor fünf am Bahnsteig trifft, damit wirklich alle rechtzeitig da sind und keiner zurückbleibt. Um Punkt 5 Uhr zählt Herr Weber durch.

Herr Weber: … dreizehn, vierzehn, fünfzehn, sechzehn. Schon wieder komme ich nur auf sechzehn Schüler. Aber wir sind doch siebzehn! Wer fehlt denn da schon wieder?

Murat: Na dreimal dürfen sie raten! Wer fehlt denn wirklich IMMER?

Laura: Aylin fehlt! Wie immer.

Herr Weber: Na das hätte ich mir ja denken können! Wäre ja zu schön gewesen, wenn Aylin einmal pünktlich gewesen wäre.

Aylin: Hallo! Hallo! Da bin ich! Bitte entschuldigen Sie, mein Wecker hat nicht geklingelt und dann konnte mein Vater die Autoschlüssel nicht finden und dann …

Herr Weber: Junges Fräulein! Deine Ausreden kenne ich doch schon zur Genüge. Vielleicht hat ja euer Hund die Autoschlüssel verschlungen? Das macht er doch sonst immer mit deinen Hausaufgaben. Aber jetzt haben wir genug getrödelt. Endlich sind wir vollzählig. Bitte alles einsteigen!

Im ersten Abteil machen es sich Andrej, Emel, Laura, Murat und Pedro gemütlich, während Kerem, Victor, Marta, Aylin und die anderen gemeinsam mit Herrn Weber in den Großraumwagen gehen. Trotz der frühen Morgenstunde ist die Müdigkeit der Gruppe sofort verflogen, als der Zug sich in Bewegung setzt und die spannende Reise beginnt.

Kerem: Hey Leute, meine Mutter hat mir Sigara böreği eingepackt. Sie macht die besten der Welt. Wer will probieren?

Victor: Ich, natürlich! Ich liebe türkisches Essen. Das ist fast so gut wie unser russisches Essen. Ich habe Blini dabei. Meine Mutter hat mir so viele eingepackt, dass ich die ganze Klasse damit versorgen kann. Also bitte bedient euch!

Herr Weber: Da sag ich nicht Nein. Vielen Dank!

So sitzt die Gruppe zusammen und frühstückt internationale Spezialitäten, während der Zug sie immer näher an ihr Ziel bringt. Erster Zwischenstopp ist Nürnberg, wo die Klasse umsteigen muss.

Herr Weber: Wenn wir jetzt nach Nürnberg kommen, dann denkt bitte daran, dass wir nur wenig Zeit haben, um umzusteigen. Wir kommen auf Gleis 7 an und müssen ein ganzes Stück vor zu Gleis 2 laufen. Bitte passt auf, dass keiner verloren geht. Dies gilt auch für dich, Aylin.

Aylin: Ja, ja, keine Panik! Wir kommen auf Gleis 7 an und müssen schnell zu Gleis 2 rennen. Haben Sie keine Angst, ich werde schon nicht verloren gehen.

Nach der Ankunft in Nürnberg hastet die ganze Klasse über den Bahnhof, um den Anschlusszug nicht zu verpassen. Marta schleppt einen riesigen Koffer und eine Sporttasche. Sicherlich hat sie wieder für jeden Tag drei verschiedene Outfits dabei. Als die Gruppe völlig außer Atem am Bahnsteig 2 ankommt, sitzt Victor schon auf einer Bank und wartet.

Victor: Schön, dass ihr auch schon da seid! Ihr solltet etwas mehr Sport treiben. Ihr seid ja schweißgebadet.

Marta: Du hättest mir lieber beim Tragen helfen sollen, anstatt blöde Sprüche zu klopfen.

Herr Weber: Victor, warte mal, bis du in meinem Alter bist. Da fällt dir das auch nicht mehr so leicht. Aber jetzt bitte alle einsteigen.

Herr Weber beginnt zu zählen.

Herr Weber: … vierzehn, fünfzehn, sechzehn … Aylin!

Aylin: Aber ich bin doch da!

Herr Weber: Oh, entschuldige bitte. Aber wer fehlt denn dann?

Marta: Kerem ist nicht da!

Wütend läuft Herr Weber umher und sucht Kerem auf dem Bahnsteig, aber der ist nirgends zu sehen. Als Herr Weber sich bereits ohne Kerem abfahren sieht, ruft Victor plötzlich:

Victor: Da, seht nur! Dort kommt er gerade die Treppe hoch!

Schnell stellt Victor seinen Fuß in die sich schließende Wagentür, sodass sie offen bleibt und der Zug nicht losfahren kann. Kerem erreicht den abfahrbereiten Zug, zwängt sich durch die Tür und sinkt schwer atmend auf einen freien Platz.

Kerem: Entschuldigung! Ich habe am Bahnhof noch einen Imbissstand gesehen und einen solchen Heißhunger auf Pommes frites bekommen. Leider hat die Verkäuferin eine Ewigkeit gebraucht, um mich zu bedienen. Die sollte man verklagen!

Herr Weber: Der Einzige, den man verklagen muss, bist du. Wenn du mir noch einmal so einen Schrecken einjagst, fährst du sofort zurück nach Hause.
Diese Reise kann ja noch heiter werden …

45 Suche die passenden Wörter aus dem Text.

a Ein spannendes oder aufregendes Erlebnis:

b Ein abgetrennter Raum im Zug:

c Plötzlich auftretende Lust auf etwas zu essen:

d Hass auf Menschen, die aus anderen Ländern kommen:

e Orte und Gebäude, die Touristen anlocken:

f Dort warten Reisende auf den Zug:

46 Kreuze jeweils die richtige Antwort an.

a Wie viele Schüler hat die Klasse 9b?
- ☐ fünfzehn
- ☐ sechzehn
- ☐ siebzehn

b Wie lange ist die Klasse 9b in Berlin?
- ☐ vier Tage
- ☐ zwei Wochen
- ☐ über die Sommerferien

c Wo muss die Klasse umsteigen?
- ☐ in Berlin
- ☐ in Nürnberg
- ☐ in Russland

d Wie viele Personen gehen ins Großraumabteil?
- ☐ fünf
- ☐ dreizehn
- ☐ achtzehn

47 Beantworte die Fragen in ganzen Sätzen.

a Warum müssen die Eltern der Schüler für die Fahrt und die Unterkunft nichts bezahlen?

b Welche Aufgabe übernehmen Pedro und Emel bei der Vorbereitung der Berlinreise?

c Auf wen muss die Klasse bei der Abreise am frühen Morgen warten?

d Wer verpasst am Nürnberger Bahnhof fast den Zug und warum?

e Wie hält Victor den Zug auf, damit sein Mitschüler noch mitfahren kann?

48 a Bilde korrekte Sätze, indem du richtig verbindest.

Aylin kommt zu spät,	falls	er so etwas noch einmal macht.
Victors Mutter hat genug Blini gemacht,	obwohl	ihr Wecker nicht geklingelt hat.
Herr Weber schickt Kerem nach Hause,	weil	die Klasse nur ein paar Tage in Berlin ist.
Marta hat sehr viel Gepäck dabei,	damit	alle Schüler mitessen können.

b Notiere die Sätze.

49 Wie ist das Verhältnis zwischen der Klasse und Herrn Weber?
Kreuze an und begründe deine Entscheidung.

☐ locker, freundschaftlich

☐ ernst, streng

50 Herr Weber befürchtet: „Die Reise kann ja noch heiter werden …"
Überlege dir, was die Schüler auf der Klassenfahrt noch alles erleben werden.
Schreibe eine kurze Geschichte über die weitere Berlinreise der Klasse.

Test

1 Nenne sechs öffentliche Verkehrsmittel.

- ______________________ • ______________________
- ______________________ • ______________________
- ______________________ • ______________________

2 Wo kaufst du was? Nenne fünf verschiedene Geschäfte und Produkte mit Mengenangabe.

Im Supermarkt kaufe ich ______________________

____

____

____

____

3 Ergänze passende Präpositionen.

a Leo und Marie fliegen ________ Hamburg.
b Kommst du mit ________ Nina?
c Der Zug fährt ________ einen Tunnel.
d Bens Vater arbeitet ________ Siemens.
e Der IC kommt verspätet ________ Bonn an.
f Marc wartet ________ der Bushaltestelle.

4 Was hast du für die nächste Woche geplant?
Schreibe zu jedem Termin einen Satz.

Montag 15:00 – 16:00

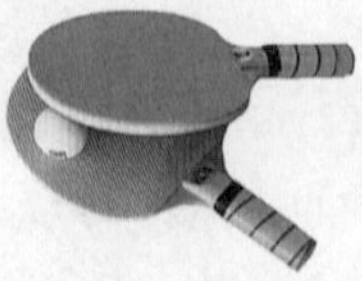

Mittwoch 17:30 – 18:00

Freitag 20:00 – 21:30

____

____

____

____

____

____

5 Wie kommst du nach der Schule nach Hause?
Beschreibe deinen Heimweg in mindestens fünf ganzen Sätzen.

____

____

____

____

____

6 Löse das Rätsel.
In der richtigen Reihenfolge ergeben die grau markierten Buchstaben ein Lösungswort.

senkrecht

2 nicht links, sondern …
3 günstige Unterkunft für junge Leute
4 Obst und …
5 Diese Straße hat keinen Ausgang.
6 Lichtsignal im Straßenverkehr
7 Entschuldigung, können Sie mir …?
8 Hauptstadt von Deutschland
10 Dort kaufst du Stiefel, Sandalen, Sneakers.
11 Hier ist die Fahrt nur in eine Richtung erlaubt.
14 Dort halten Züge.
15 Damit putzt du dir die Zähne.
16 nicht vorne, sondern …
17 Daraus macht man Pommes frites.
18 Der Gefangene geht … beiden Polizisten.
19 An der nächsten Kreuzung müssen Sie links …

waagerecht

1 ein Brett auf vier Rollen
5 Fahrkarten kaufst du am Automaten oder am …
7 Er kann fliegen, ist aber kein Flugzeug.
9 Der ICE ist nicht pünktlich, er hat 15 min …
11 Dort bekommst du einen Eisbecher.
12 Wir … durch die Stadt und betrachten Schaufenster.
13 Ticket
20 Hier kaufst du Medikamente.
21 schnell laufen
22 Dort werden Filme gezeigt.
23 Das spielst du mit Schläger, Ball, Tisch und Netz.
24 Er verkauft Brillen.
25 Ihn hast du einmal im Jahr.
26 Bus und Bahn sind … Verkehrsmittel.
27 Dort kaufst du Fleisch und Wurst.

Lösungswort:

A	B	C	D	E	F	G	H	I	J	K	L	M	N	O

LÖSUNGSHEFT

Deutsch als Zweitsprache
Lernfeld 3 – Sich orientieren

g[redacted]ei :

ARK

Grundkurs

Themenwortschatz

Zeitangaben
Aufgaben 1–4, 35, 36, 39

Wann ...?
Wie lange ...?

am ... (Wochentag, Datum)
um ... Uhr
von ... Uhr bis ... Uhr

der Geburtstag

Einkaufen
Aufgaben 5–13, 35, 36, 40, 42

die Apotheke
der Bäcker
die Bäckerei
der Baumarkt
das Bekleidungsgeschäft
der Bioladen
die Buchhandlung
der Buchladen
die Drogerie
der Drogeriemarkt
das Einkaufszentrum
die Eisdiele
der Fleischer
die Fleischerei
das Geschäft
der Getränkemarkt
der Goldschmied
der Großmarkt
der Imbissstand
der Juwelier
das Kaufhaus
die Konditorei
der Laden
die Ladenstraße
der Marktstand

der Metzger
die Metzgerei
der Obst- und Gemüseladen
der Obststand
der Onlineshop
der Optiker
die Post
das Schuhgeschäft
das Shoppingcenter
der Supermarkt
der Wochenmarkt
der Zeitungskiosk

das Angebot
die Auslage
der Automat
der Kunde
die Kundin
die Menge
der Preis
das Produkt
der Schalter
das Schaufenster
der Verkäufer
die Verkäuferin

Darf es noch etwas sein?
Das macht zusammen …
Das sind dann …
Haben Sie noch einen Wunsch?
Ist das alles?
Kommt noch etwas dazu?
Was bekommen Sie?
Was darf es sein?
Was kann ich für Sie tun?
Wie kann ich Ihnen helfen?
Wie viel möchten Sie?

die Banknote
das Bargeld
die Brieftasche
die EC-Karte
die Geheimzahl
die Geldkarte
der Geldschein
die Kartenzahlung
die Münze
das Wechselgeld

die Bluse
das Hemd
die Oberbekleidung

das Duschgel
die Creme
das Shampoo
das Waschpulver
die Zahnbürste
die Zahnpasta

Danke, das ist alles.
Geben Sie mir bitte …
Haben Sie …?
Ich bekomme …
Ich brauche …
Ich hätte gern …
Ich nehme …
Was kostet/kosten …?
Wie teuer ist/sind …?

anbieten
besorgen
bezahlen
kaufen
verkaufen

der Stiefel

der Ohrring
der Schmuck

der Hustensaft
das Medikament
die Pille
die Tablette

das Kinderbuch
das Kochbuch
der Ratgeber
der Reiseführer
der Roman
die Zeitschrift
die Zeitung

Essen und Trinken

Aufgaben 5, 8–13

der Aufschnitt
die Backwaren (Mehrzahl)
der Blumenkohl
das Brötchen
die Chips (Mehrzahl)
das Croissant
das Ei
der Eisbecher
der Fisch
das Fleisch
die Frucht
der Fruchtsaft
das Hackfleisch
die Himbeere
der Imbiss
das Kalbsschnitzel
die Kartoffel
der Kaugummi
die Laugenstange
die Lebensmittel (Mehrzahl)
die Limonade
der Mais
das Milchprodukt
die Mettwurst
die Nussschnecke
die Petersilie
die Pflaume
das Plätzchen
die Pommes frites (Mehrzahl)
die Quarktasche
das Rindfleisch
das Rosinenbrötchen
der Saft
die Salami
der Schinken
der Spargel
der Spinat
der Traubensaft
das Vollkornbrot
die Wassermelone
die Wurstwaren (Mehrzahl)
der Zucker

Mengenangaben

Aufgaben 9–11

der Becher
der Bund
die Dose
die Flasche
das Glas
das Gramm
der Kasten
das Kilo, das Kilogramm
die Kiste
der Laib
der Liter
die Packung
der Sack
die Schachtel
die Schale
die Scheibe
das Stück
die Tafel
die Tube
die Tüte

Ortsangaben

Aufgaben 7, 14–18, 26–33, 38

Ich suche ...
Wie komme ich ...?
Wo ist/finde ich ...?
Wohin ...?

am
an
ans
auf
bei
beim
durch
hinter
im
in
ins
nach
neben
über
unter
vor
zu
zum
zur
zwischen

auf der linken Seite
auf der rechten Seite
davor
entlang
geradeaus
hinauf
hinten
hinunter
links
oben
rechts
schräg
um die Ecke
unten
vorne

der Ausgangspunkt
die Hauptstadt
die Innenstadt
die Kirche
das Rathaus
der Stadtplan
der Stadtplatz
das Stadtzentrum
der Zielort

Fortbewegung

Aufgaben 19–42, 44–47

abbiegen
abzweigen
anhalten
bummeln
durchqueren
eilen

einbiegen
einsteigen
eintreffen
fahren
fliegen
flitzen

gehen
gleiten
hasten
hetzen
hinken
hüpfen
jagen
joggen
klettern
kommen
kreuzen
kriechen
laufen
rasen
reisen
rennen
rudern
sausen
schleichen
schlendern
schlurfen
schreiten
spazieren
springen
spurten
stapfen
stolzieren
stürmen
tappen
trödeln
trotten
überqueren
umsteigen
wandern
waten
zu Fuß gehen

die Eisenbahn
das Fahrrad
das Flugzeug
der Hubschrauber
der Lastkraftwagen
der Linienbus
das Mofa
das Motorboot
das Motorrad
der Motorroller
die S-Bahn
das Schiff
die Straßenbahn
das Taxi
die Trambahn
die U-Bahn

die Allee
die Ampel
die Brücke
die Einbahnstraße
die Einfahrt
der Fußgängerüberweg
der Fußweg
die Gasse
die Kreuzung
der Radweg
die Sackgasse
die Straße
die Vorfahrt
die Vorfahrtstraße
der Weg

der Fußgänger
der Radfahrer
der Verkehrsteilnehmer

die Abfahrt
das Abteil
die Ankunft
der Bahnhof
der Bahnsteig
die Endstation
die Fahrkarte
der Flughafen
der Führerschein
das Gepäck
das Gesamtnetz
das Gleis
der Großraumwagen
die Haltestelle
der Hauptbahnhof
der Innenraum
der Koffer
die Linie
der Netzplan
die öffentlichen Verkehrsmittel
die Reservierung
die Rückfahrkarte
das Streifenticket
der Tarif
das Ticket
die U-Bahnstation
das Verkehrszeichen
die Verspätung

Freizeit

Aufgaben 3, 4, 18, 20, 25–31, 42–44

die Inlineskates (Mehrzahl)
das Skateboard
Tischtennis spielen

das Abenteuer
der Ausflug
das Café
die Disco
die Eisdiele
das Hallenbad
das Hotel
die Insel
die Jugendherberge
das Jugendzentrum
das Kino
die Klassenfahrt
das Meer
das Museum
der Park
die Party
das Restaurant
das Schwimmbad
die Sehenswürdigkeit
der Spielplatz
der Strand
das Theater
der Tierpark
die Unterkunft

Höflich nachfragen

Aufgaben 28, 29, 38, 39

Entschuldigen Sie bitte!
Entschuldigung, …
Können Sie mir bitte sagen, wie …
Können Sie mir helfen?

Lösungsvorschläge

1 a)

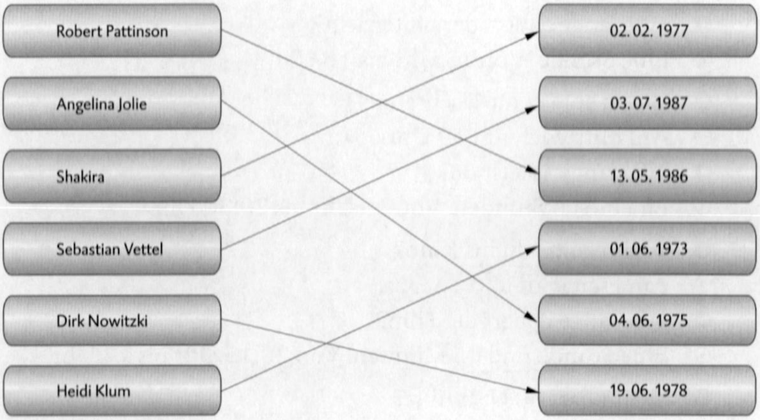

b)
- ○ Wann hat Robert Pattinson Geburtstag?
- ⊙ Er hat am 13. Mai Geburtstag.
- ○ Wann hat Angelina Jolie Geburtstag?
- ⊙ Sie hat am 4. Juni Geburtstag.
- ○ Wann hat Shakira Geburtstag?
- ⊙ Sie hat am 2. Februar Geburtstag.
- ○ Wann hat Sebastian Vettel Geburtstag?
- ⊙ Er hat am 3. Juli Geburtstag.
- ○ Wann hat Dirk Nowitzki Geburtstag?
- ⊙ Er hat am 19. Juni Geburtstag.
- ○ Wann hat Heidi Klum Geburtstag?
- ⊙ Sie hat am 1. Juni Geburtstag.

2 *individuelle Lösungen*

3
- ○ Wann ist Volleyballtraining?
- ⊙ Am Montag um 14 Uhr.
- ○ Wie lange trainierst du?
- ⊙ Zwei Stunden. Von 14 Uhr bis 16 Uhr.

- Wann hast du Gitarrenunterricht?
- ⊙ Am Dienstag um 15 Uhr.
- Wie lange dauert der Unterricht?
- ⊙ Eine Stunde. Von 15 Uhr bis 16 Uhr.

- Wann spielst du Tischtennis?
- ⊙ Am Mittwoch um 19 Uhr.
- Wie lange spielst du?
- ⊙ Eineinhalb Stunden. Von 19 Uhr bis 20:30 Uhr.

- Wann gehst du ins Kino?
- ⊙ Am Freitag um 20:15 Uhr.
- Wie lange dauert der Film?
- ⊙ Eine Stunde und 45 Minuten. Von 20:15 Uhr bis 22 Uhr.

- Wann hast du Nachhilfe?
- ⊙ Am Samstag um 9 Uhr.
- Wie lange dauert die Nachhilfe?
- ⊙ Zwei Stunden. Von 9 Uhr bis 11 Uhr.

- Wann beginnt die Party?
- ⊙ Am Samstag um 19 Uhr.
- Wie lange dauert die Party?
- ⊙ Drei Stunden. Von 19 Uhr bis 22 Uhr.

- Wann gehst du schwimmen?
- ⊙ Am Sonntag um 14 Uhr.
- Wie lange schwimmst du?
- ⊙ Eineinhalb Stunden. Von 14 Uhr bis 15:30 Uhr.

4 a) Dialog 1

- Wir spielen **Fußball**. Kommst du mit?
- ⊙ Ja, **wann** spielt ihr?
- Am **Mittwoch** um **14:30 Uhr**.
- ⊙ Super, ich bin dabei!

Dialog 2

- Wir spielen Fußball. **Kommst du mit**?
- ⊙ **Nein**, ich habe **keine Lust**.
- Hast du Lust, am **Donnerstag** um **15 Uhr** schwimmen zu gehen?
- ⊙ **Ja**, gerne! Ich freue mich schon!

b) **Dialog 1**

- Ich gehe in die Disco. Kommst du mit?
- Ja, wann gehst du?
- Am Freitag um 21:30 Uhr.
- Super, ich bin dabei!

Dialog 2

- Wir gehen in die Disco. Kommst du mit?
- Nein, ich muss um 21 Uhr zu Hause sein.
- Hast du Lust, am Sonntag um 16:30 Uhr Badminton zu spielen?
- Ja, gerne! Ich freue mich schon!

c) *individuelle Lösungen*

5 *Hörtext (Track 1):*

Im Laden **Nummer 1** duftet es gut nach frischen Backwaren. Hier werden viele verschiedene Brotsorten und Brötchen hergestellt, aber auch süßes Gebäck wie Kuchen und Plätzchen verkauft.

Im Laden **Nummer 2** bekommst du frische Lebensmittel. Hier kannst du zum Beispiel Äpfel, Birnen, Erdbeeren, Tomaten, Gurken und Kartoffeln kaufen. Das Obst und Gemüse stammt meist von Bauern aus der Region.

Im Geschäft **Nummer 3** findest du vor allem Produkte für die Körperpflege. Das sind zum Beispiel Zahnbürste und Zahnpasta, Shampoo und Duschgel oder Körperlotion und Gesichtscreme.

In das Geschäft **Nummer 4** gehst du, wenn du krank bist und Medizin brauchst. Hier bekommst du Medikamente wie Tabletten, Pillen, Hustensaft und Tee, damit du schnell wieder gesund wirst.

Das Geschäft **Nummer 5** ist nichts für Vegetarier. Hier werden Wurst- und Fleischwaren verarbeitet und verkauft. Oft werden hier auch frische Fleischgerichte zubereitet und als warmer Imbiss angeboten.

Im Laden **Nummer 6** kannst du dir unterschiedlichen Lesestoff besorgen. Hier gibt es zum Beispiel Romane, Kinderbücher, Wörterbücher, Reiseführer, Kochbücher, Ratgeber, Zeitschriften und Zeitungen.

Im Geschäft **Nummer 7** bekommst du alle möglichen Getränke wie zum Beispiel Mineralwasser, Saft und Limonade. Meist wird auch ein Lieferservice angeboten, dann kann man sich die schweren Getränkekisten nach Hause bringen lassen.

Im Geschäft **Nummer 8** findest du ein riesiges Warensortiment. Hier bekommst du vom Apfel bis zum Zucker so gut wie alle Lebensmittel und sonstige Artikel des täglichen Bedarfs.

Supermarkt

Bäckerei/Bäcker

Apotheke

Getränkemarkt

Buchhandlung, Buchladen

Metzgerei/Metzger/Fleischerei

Obst- und Gemüseladen

Drogerie/Drogeriemarkt

6

das Einkaufszentrum
der Baumarkt
das Schuhgeschäft
der Bioladen
der Onlineshop
das Kaufhaus
der Obststand
der Zeitungskiosk

7
a) **im** Supermarkt
b) **am** Marktstand
c) **beim** Fleischer
d) **in der** Konditorei
e) **auf dem** Wochenmarkt
f) **im** Drogeriemarkt

8

A	B	X	Z	E	I	T	U	N	G	I	J	R	U	B	N	T	I	Ä	M	N	X	G	T	Ö
B	L	Z	Y	U	Ü	J	K	L	Ö	E	M	N	F	X	P	A	S	C	H	I	N	K	E	N
H	U	S	T	E	N	S	A	F	T	P	T	L	Ä	O	M	B	I	Y	B	G	V	Ü	Z	U
J	M	L	G	N	Z	I	T	O	V	C	B	W	R	M	G	L	E	S	D	R	F	D	J	S
Q	E	K	R	K	R	N	B	H	W	T	P	O	T	H	T	E	A	X	P	W	D	U	B	S
H	N	U	S	A	L	A	M	I	G	L	F	R	U	C	H	T	S	A	F	T	W	S	M	S
G	K	N	H	T	N	T	V	M	E	N	M	T	I	T	G	T	D	V	L	V	S	C	W	C
V	O	L	L	K	O	R	N	B	R	O	T	Ä	S	F	I	E	H	C	A	B	J	H	G	H
B	H	H	J	E	S	S	Q	E	Y	V	B	J	P	E	O	N	K	N	U	Ä	P	G	M	N
N	L	E	W	R	V	T	R	E	B	H	F	T	I	U	M	K	Ü	D	M	L	Z	E	O	E
M	R	T	A	L	B	R	Z	R	Ü	Z	A	H	N	B	Ü	R	S	T	E	T	J	L	L	K
P	D	R	W	Ä	U	J	N	E	T	S	F	D	A	I	J	K	M	B	N	R	T	P	F	C
S	C	W	K	L	I	M	O	N	A	D	E	B	T	D	K	A	U	G	U	M	M	I	X	E

in der Fleischerei	beim Bäcker	im Gemüseladen	in der Drogerie
der Schinken	das Vollkornbrot	der Blumenkohl	das Duschgel
die Salami	die Nussschnecke	der Spinat	die Zahnbürste
im Getränkemarkt	**am Kiosk**	**am Obststand**	**in der Apotheke**
der Fruchtsaft	die Zeitung	die Himbeeren	der Hustensaft
die Limonade	der Kaugummi	die Pflaumen	die Tabletten

9 a)
- fünf Scheiben Schinken
- ein Becher Joghurt
- ein Sack Kartoffeln
- ein Laib Brot
- eine Tube Zahnpasta
- ein Glas Marmelade
- eine Dose Mais
- eine Tüte Chips
- ein Kasten Mineralwasser
- eine Flasche Traubensaft
- eine Tafel Schokolade
- ein Liter Milch
- 500 Gramm Hackfleisch
- eine Schachtel Eier
- ein Bund Petersilie
- eine Packung Waschpulver

b) *Mögliche Sätze:*
Ich kaufe beim Metzger fünf Scheiben Schinken.
Ich kaufe im Supermarkt eine Tüte Chips.
Ich kaufe in der Bäckerei einen Laib Brot.
Ich kaufe im Drogeriemarkt eine Tube Zahnpasta.
Ich kaufe im Getränkemarkt einen Kasten Mineralwasser.
Ich kaufe am Gemüsestand einen Sack Kartoffeln.
Ich kaufe im Bioladen eine Schachtel Eier.
Ich kaufe in der Fleischerei 500 Gramm Hackfleisch.
Ich kaufe am Kiosk eine Tafel Schokolade.

10 *Hörtext (Track 2):*

a) **Beim Bäcker**

Dialog 1

- Guten **Morgen**! Was darf es sein?
- ⊙ Hallo! Vier Laugenstangen, bitte.
- **Gern**. Darf es noch etwas sein?
- ⊙ Was **kostet** eine Quarktasche?
- Einen Euro zwanzig.
- ⊙ Dann bekomme ich zwei **Stück**.
- Haben Sie sonst noch einen Wunsch?
- ⊙ Nein, **danke**!
- Das sind dann genau fünf Euro.

Dialog 2

- Guten Tag! Was kann ich für Sie tun?
- ⊙ Ich **bekomme** drei Croissants.
- Tut mir leid, ich habe nur noch **zwei**.

- ⊙ Schade. Dann **nehme** ich diese beiden und ein Rosinenbrötchen.
- **o** Bitte schön. Darf es noch etwas sein?
- ⊙ Danke, das war **alles**.
- **o** Das macht **zusammen** zwei Euro neunzig.

b) **In der Metzgerei**

Dialog 1

- **o** Guten Tag! Was bekommen Sie?
- ⊙ 150 **Gramm** Aufschnitt, bitte.
- **o** **Kommt** noch etwas dazu?
- ⊙ **Haben** Sie Kalbsschnitzel?
- **o** Natürlich. Wie viel möchten Sie?
- ⊙ Zwei dünne **Scheiben**, bitte.
- **o** Gern. Ist das alles?
- ⊙ **Ja**, danke!
- **o** Acht Euro neunundvierzig, bitte.

Dialog 2

- **o** Hallo! Was darf es sein?
- ⊙ 250 Gramm Hackfleisch vom **Rind**.
- **o** 270 Gramm? Ist das in **Ordnung**?
- ⊙ Ja, das ist ok. Und dann bekomme ich noch ein **Stück** Mettwurst.
- **o** **Grob** oder fein?
- ⊙ Das **kleine** Stück da von der feinen, bitte! Das ist dann alles, danke!
- **o** Das macht vier Euro fünfundachtzig.

c) **Im Obst- und Gemüseladen**

Dialog 1

- ⊙ Hallo! Haben Sie **frischen** Spargel?
- **o** Ja, heute Morgen eingetroffen.
- ⊙ Dann hätte ich gern ein **Kilo**.
- **o** Noch etwas?
- ⊙ Was **kosten** die Erdbeeren?
- **o** Die **Schale** drei Euro neunzehn.
- ⊙ Dann bleibt es beim Spargel. Danke!
- **o** Das sind dann sechs **Euro** fünfundsiebzig für den Spargel.

Dialog 2

○ **Hallo**! Was kann ich für Sie tun?
⊙ Guten Tag! Wie **teuer** sind denn die Wassermelonen?
○ Die sind gerade im **Angebot**: Das Stück kostet einen Euro neunundneunzig.
⊙ Dann **geben** Sie mir bitte eine.
○ **Sehr** gern. Das ist alles?
⊙ Ja, danke!

11 a) *Mögliche Äußerungen:*

Kunde:
- Haben Sie …?
- Was kostet …?
- Ich hätte gern …
- Geben Sie mir bitte …
- Ich bekomme …
- Ich nehme …
- Danke, das ist alles!

Verkäufer:
- Darf es noch etwas sein?
- Haben Sie noch einen Wunsch?
- Kommt noch etwas dazu?
- Was kann ich für Sie tun?
- Was bekommen Sie?
- Was darf es sein?
- Das macht dann …

b) *individuelle Lösungen*

c) *individuelle Lösungen*

12 Familie Berger fährt am *Samstag* / ~~*Sonntag*~~ in die Stadt, um in einem ~~*Großmarkt*~~ / *Einkaufszentrum* einkaufen zu gehen. Vater Peter parkt in der ~~*Drogerie*~~ / *Tiefgarage*, denn so müssen sie nicht durch den Regen laufen, sondern können mit der ~~*Fahrbahn*~~/*Rolltreppe* direkt in die ~~*Einbahnstraße*~~ / *Ladenstraße* fahren. Peter braucht unbedingt neue ~~*Blusen*~~ / *Hemden*, aber die beiden Kinder Ben und Jana *quengeln* / ~~*schlafen*~~. Sie wollen sofort zur ~~*Eishalle*~~ / *Eisdiele* gehen. Mutter Sabine ärgert sich, denn niemand interessiert sich für den *schönen* / ~~*schweren*~~ Schmuck in der *Auslage* / ~~*Einlage*~~ des ~~*Optikers*~~ / *Juweliers*. Nachdem sich die Familie getrennt hat, geht Peter in ein *Bekleidungsgeschäft* / ~~*Schuhgeschäft*~~. Eine ~~*Einkäuferin*~~ / *Verkäuferin* berät ihn beim Aussuchen seiner *Oberbekleidung* / ~~*Überbekleidung*~~. In der Zwischenzeit kauft sich Sabine beim Goldschmied ein Paar ~~*Schuhe*~~ / *Ohrringe*. Als die beiden ihre Kinder wiederfinden, sitzen Ben und Jana vor einem riesigen ~~*Eiskrug*~~ / *Eisbecher*.

13 *individuelle Lösungen*

14

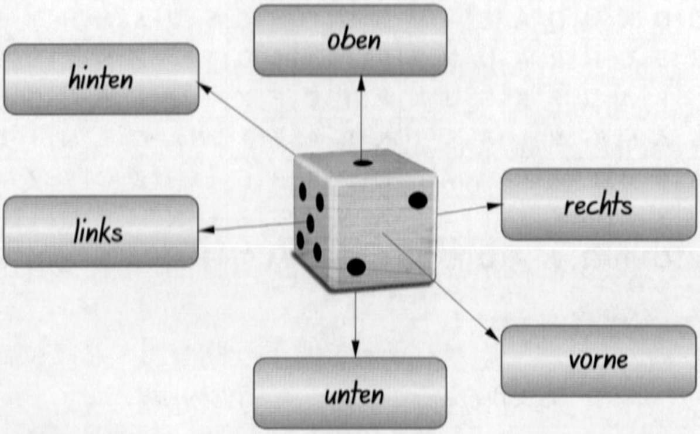

15 *individuelle Lösungen*

16 a) Victor steht **auf** dem Skateboard.
b) Emel wohnt **in** der Bergstraße 3.
c) Das Bild hängt **an** der Wand.
d) Tarek liegt krank **im** Bett.
e) Anna ist in den Ferien **bei** ihrer Oma.
f) Die Lampe hängt **über** dem Tisch.
g) Der Hausschuh liegt **unter** dem Sofa.
h) Robin sitzt **neben** Benni.
i) Kai versteckt sich **hinter** dem Vorhang.
j) Lena steht **vor** der Tür und klingelt.
k) Jenny sitzt **zwischen** Caro und Feline.
l) Das Café liegt **am** See.

17 *individuelle Lösungen*

18 Die Klasse 9b macht einen Ausflug **in** die Hauptstadt. Herr Weber und seine Klasse fahren mit dem Zug **nach** Berlin. Dort nehmen sie die U-Bahn **zum** Brandenburger Tor. Dann geht es zu Fuß **durch** die Stadt. Sie laufen **ans** Spreeufer, weiter **auf** die Museumsinsel und schließlich **zur** Oberbaumbrücke. Am Abend wollen die Schüler unbedingt **zu** einer angesagten Party, aber Herr Weber entscheidet, dass sie **ins** Theater gehen.

19

B	M	I	T	S	T	R	A	ß	E	N	B	A	H	N	X	T	S	–	B	A	H	N	V	U	E	G
R	O	F	B	D	E	F	–	Y	W	G	N	K	C	E	L	H	C	S	G	H	D	T	A	X	I	Ö
T	T	C	M	Z	G	D	K	H	Q	Ä	F	–	M	G	D	F	H	C	S	U	S	N	H	J	S	K
R	O	U	H	U	B	S	C	H	R	A	U	B	E	R	I	Ä	I	D	T	–	Z	N	L	Y	E	F
G	R	T	M	G	N	P	A	U	P	K	G	U	K	P	T	C	F	X	F	B	E	A	C	G	N	E
M	R	–	W	H	L	Ä	M	G	V	L	A	S	T	K	R	A	F	T	W	A	G	E	N	I	B	H
F	A	H	R	R	A	D	B	K	Z	R	U	M	B	Ö	E	R	R	C	E	H	Z	O	R	Z	A	I
Z	D	J	Ü	P	C	Y	A	Ö	K	E	T	–	X	A	W	K	T	Z	L	N	H	V	Ü	J	H	P
Q	G	N	B	K	M	O	T	O	R	R	O	L	L	E	R	J	M	T	R	A	M	B	A	H	N	L

der	die	das
Zug	Straßenbahn	Motorrad
Hubschrauber	S-Bahn	Schiff
Bus	Eisenbahn	Taxi
Lastkraftwagen	U-Bahn	Auto
Motorroller	Trambahn	Fahrrad

20 a)

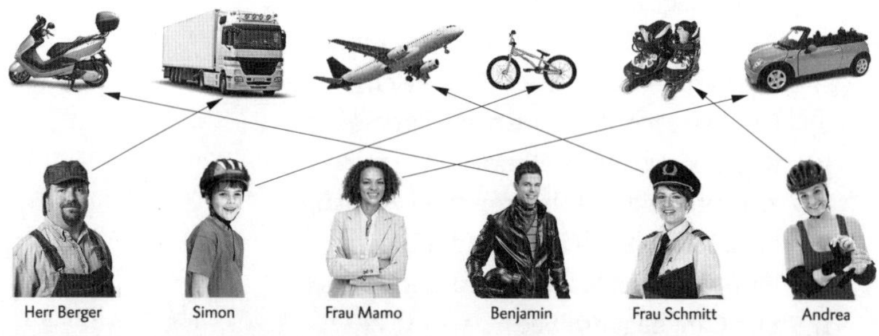

b) Herr Berger fährt nicht mit dem Motorroller. Er fährt mit dem Lkw.
Simon fährt nicht mit dem Lkw. Er fährt mit dem Fahrrad.
Frau Mamo fliegt nicht mit dem Flugzeug. Sie fährt mit dem Auto.
Benjamin fährt nicht mit dem Fahrrad. Er fährt mit dem Motorroller.
Frau Schmitt fährt nicht mit den Inlineskates. Sie fliegt mit dem Flugzeug.
Andrea fährt nicht mit dem Auto. Sie fährt mit den Inlineskates.

21 *individuelle Lösungen*

22

23 a) Nach dem Schlusspfiff **stürmen** die Fans aufs Spielfeld.
b) Die Filmstars **schreiten** über den roten Teppich zur Preisverleihung.
c) Die Kinder **stapfen** mit festen Winterstiefeln durch den Schnee.
d) Um ans andere Ufer zu kommen, müssen wir durch das Wasser **waten**.
e) Bei der Suche nach dem Dieb **tappen** die Polizisten weiter im Dunkeln.
f) Die Snowboarder **gleiten** den verschneiten Hang hinab.

24 a) wandern b) schwimmen c) klettern
d) joggen/laufen e) hüpfen/springen f) tanzen
g) fliegen h) rudern i) fahren

25 In den Sommerferien **fliegen** meine Eltern und ich in die USA zu unseren Verwandten nach Los Angeles. Mein Onkel hat schon versprochen, dass wir mit seinem Motorboot zum Fischen **fahren**. Außerdem möchte ich Sport treiben und jeden Morgen am Strand **joggen** und danach im Meer **schwimmen**. Meine Mutter aber hat andere Pläne: Sie will über den Hollywood Boulevard **schlendern** und durch Einkaufszentren **bummeln**. Doch mein Vater hat keine Lust, den ganzen Urlaub von einem Geschäft zum anderen zu **hetzen**. Er plant deshalb einen Ausflug in den Yosemite-Nationalpark, weil er dort **wandern** möchte. Besonders cool finde ich, dass man in Kalifornien schon mit 16 Jahren seinen Führerschein machen kann und Auto oder Motorrad **fahren** darf. Leider gilt dies nicht für Touristen. Aber mein Vater meint, dass wir uns einen Motorroller ausleihen können und ich an der kalifornischen Küste entlang**flitzen** darf. Ich freue mich schon so auf den Urlaub, dass ich am liebsten in die Luft **springen** möchte.

26 *individuelle Lösungen*

27 *Hörtext (Track 3):*

Vor dir siehst du den Stadtplan der mittelalterlichen Kleinstadt Mindelstein. Mindelstein liegt an der Mindel – daher kommt auch der Name der Stadt. Wichtige Orte sind im Stadtplan mit Nummern gekennzeichnet. Die meisten befinden sich im Stadtzentrum, das zwischen den drei großen Straßen Europastraße, Parkstraße und Bahnhofstraße liegt.
Wenn du etwas über die interessante Geschichte der Stadt Mindelstein erfahren möchtest, musst du das Stadtmuseum besichtigen. Du findest das Museum am Stadtplatz, direkt neben dem Rathaus.
Übernachten kannst du am besten im Altstadt-Hotel. Das Hotel befindet sich ganz in der Nähe des Stadtplatzes, in der Webergasse.
Auf dem Plan sind aber auch wichtige Gebäude außerhalb des Stadtzentrums eingezeichnet. Zum Krankenhaus kommst du zum Beispiel, wenn du von der Bahnhofstraße in die Hanauer Landstraße in Richtung Flughafen abbiegst. Doch das Krankenhaus wirst du bei deinem Besuch in Mindelstein hoffentlich nicht brauchen. Besser du besuchst das neue Schwimmbad, das nicht weit vom Sportplatz entfernt liegt.
Viel Spaß bei deinem Aufenthalt in Mindelstein!

a) ☐ Mindelstadt
☒ Mindelstein
☐ Mindelberg

b) Europastraße, Parkstraße und Bahnhofstraße

c) 3 Museum 7 Hotel 15 Krankenhaus 16 Schwimmbad

28 *individuelle Lösungen*

29 *Hörtext (Track 4):*

Mann: Entschuldigen Sie bitte! Wie komme ich am schnellsten zur [Geräusch]? Man hat mir gerade meine Brieftasche gestohlen.

Frau: Das ist nicht weit. Laufen Sie einfach die Elisenstraße hinunter. An der Kreuzung biegen Sie links in die Königstraße ein. Von dort gehen Sie immer geradeaus weiter. Überqueren Sie den Stadtplatz und laufen Sie die Königstraße entlang, bis Sie Ihr Ziel auf der rechten Seite erreicht haben. Viel Glück, dass Sie Ihre Brieftasche wiederbekommen!

Mann: Vielen Dank!

Junge: Nach diesem harten Training brauche ich jetzt dringend eine Erfrischung! Kannst du mir sagen, wie ich von hier am einfachsten zur [Geräusch] komme?

Mädchen: Von der Waldstraße biegst du links in die Parkstraße ein. An der großen Kreuzung vorne biegst du nach rechts in die Bahnhofstraße ab. Laufe die Bahnhofstraße entlang, bis du links auf die Turmstraße stößt. Diese gehst du hinauf bis zum Stadtplatz. Dann stehst du genau davor.

Junge: Super, danke!

Frau: Entschuldigung, wie komme ich am besten zum [Geräusch]? Ist das weit? Mein Koffer ist nämlich ziemlich schwer.

Mann: Nein, das ist gleich um die Ecke. Dorthin können Sie auf jeden Fall zu Fuß gehen. Überqueren Sie die Bahnhofstraße und gehen Sie in die Elisenstraße. Dort biegen Sie links in die Schustergasse ein. Bei der Ziegelgasse gehen Sie nach rechts und gleich wieder nach links in die Webergasse. Dann sind Sie schon da!

Frau: Vielen Dank! Hoffentlich kann ich mir das merken.

	Person	Ausgangspunkt	Zielort
a)	Mann	Post	Polizei
b)	Junge	Sportplatz	Eisdiele
c)	Frau	Bahnhof	Hotel

30 a) **Bank** (8) → **Supermarkt** (12)

Biegen Sie von der Müllerstraße nach **links** in die Marienstraße ein, dann kommen Sie zum **Stadtplatz**. Gehen Sie **geradeaus** über den Platz. Von dort geht der **Rosenweg** hinunter zum Färbergraben. In den Färbergraben biegen Sie nach **rechts** ein und laufen geradeaus, bis Sie zur **Steinstraße** kommen. Biegen Sie an der Kreuzung **links** ab, dann können Sie den Supermarkt schon sehen.

b) **Bücherei** (9) → **Tierpark** (19)

Gehen Sie die **Karlstraße** bis zur Parkstraße hinunter. Von dort können Sie schon die **Herzogbrücke** sehen, die über die **Mindel** führt. Überqueren Sie diese und gehen Sie auf der **Herzogstraße** bis zur ersten Kreuzung entlang. Biegen Sie dann **rechts** in die **Tiergartenallee** ein. Auf dieser laufen Sie noch ein Stück, bis auf der linken Seite der kleine Weg „**Am Ebelfeld**" abzweigt. Der Eingang des Tierparks ist gleich am Anfang des Wegs.

31 *Mögliche Wegbeschreibungen:*

a) **Schule** (18) → **Schwimmbad** (16)

Gehen Sie nach rechts und überqueren Sie die Herzogbrücke. Biegen Sie hinter der Brücke rechts ab und gehen Sie die Parkstraße entlang, bis Sie zum Jakob-Heller-Weg kommen. Biegen Sie dort rechts ab, dann sehen Sie schon das Schwimmbad auf der linken Seite.

oder:

Gehen Sie nach links die Herzogstraße entlang, bis links die Kettenbrückenstraße abzweigt. Überqueren Sie die Mindel auf der Kettenbrückenstraße und biegen Sie gleich danach links in den Jakob-Heller-Weg ein. Gehen Sie geradeaus, bis Sie das Schwimmbad auf der rechten Seite erreichen.

b) **Kaufhaus (11) → Krankenhaus (15)**
Biegen Sie von der Ludwigstraße links in die Parkstraße ein. Auf der Parkstraße laufen Sie ein gutes Stück entlang, bevor Sie nach links in die Bahnhofstraße abbiegen. Von der Bahnhofstraße biegen Sie nach einer Weile rechts in die Hanauer Landstraße ein. Dort gehen Sie noch ein kleines Stück, bis auf der rechten Seite das Krankenhaus kommt.
oder:
Gehen Sie die Ludwigstraße bis zum Stadtplatz vor. Überqueren Sie den Stadtplatz und gehen Sie die Turmstraße entlang. Kreuzen Sie die Bahnhofstraße und nehmen Sie ein Stück die Hanauer Landstraße. Auf der rechten Seite sehen Sie dann gleich das Krankenhaus.

c) **Bücherei (9) → Sportplatz (17)**
Gehen Sie die Karlstraße hinunter zur Kreuzung und biegen Sie dort links in die Parkstraße ein. Bleiben Sie auf der Parkstraße, bis Sie nach rechts in die Waldstraße abbiegen können. Gehen Sie die Waldstraße ein Stück entlang. Der Sportplatz ist auf der rechten Seite.
oder:
Biegen Sie von der Karlstraße nach rechts in die Löwenstraße ab. Gehen Sie die Löwenstraße bis ans Ende. An der Kreuzung überqueren Sie die Bahnhofstraße und biegen schräg rechts in die Parkstraße ein. Von dort biegen Sie nach rechts in die Waldstraße ab. Der Sportplatz kommt dann auf der rechten Seite.

d) *individuelle Lösungen*

32 *individuelle Lösungen*

33 *individuelle Lösungen*

34 *Reihenfolge:*

35 (**3**) *Sinan:* Ich brauche eine Fahrkarte nach Stuttgart.
(2) *Angestellter:* Guten Tag, wie kann ich Ihnen helfen?
(**11**) *Sinan:* Ok, dann fahre ich mit dem Intercity.
(4) *Angestellter:* Wann möchten Sie fahren? Brauchen Sie auch eine Rückfahrkarte?
(**13**) *Sinan:* Nein, danke.
(6) *Angestellter:* Es fährt ein Regional-Express um 15:19 Uhr oder ein Intercity um 16:06 Uhr.
(**1**) *Sinan:* Guten Tag!
(8) *Angestellter:* Mit dem Regional-Express dauert die Fahrt 1 Stunde 18 Minuten. Sie müssen einmal umsteigen. Der Intercity fährt direkt und braucht nur 43 Minuten.
(**9**) *Sinan:* Was kostet die Fahrt?
(10) *Angestellter:* Die Fahrt im Regional-Express kostet 18,10 Euro, im Intercity 20,50 Euro.
(**7**) *Sinan:* Wie lange dauert die Fahrt? Muss ich umsteigen?
(12) *Angestellter:* Möchten Sie eine Reservierung?
(**5**) *Sinan:* Nein, ich brauche nur eine einfache Fahrt für heute Nachmittag.
(14) *Angestellter:* Das macht dann 20,50 Euro.
(**17**) *Sinan:* Vielen Dank! Auf Wiedersehen.
(16) *Angestellter:* Danke. Der Zug fährt von Gleis 3 ab. Gute Fahrt!
(**15**) *Sinan:* Hier, bitte.

36 *Mögliche Dialoge:*

a) *Fahrgast:* Guten Tag!
Angestellter: Guten Tag, wie kann ich Ihnen helfen?
Fahrgast: Ich brauche eine Fahrkarte nach Frankfurt.
Angestellter: Wann möchten Sie fahren? Brauchen Sie auch eine Rückfahrkarte?
Fahrgast: Nein, ich brauche nur eine einfache Fahrt für heute Vormittag.
Angestellter: Es fährt ein Regional-Express um 10:18 Uhr oder ein Intercity um 11:05 Uhr.
Fahrgast: Wie lange dauert die Fahrt? Muss ich umsteigen?
Angestellter: Mit dem Regional-Express dauert die Fahrt 2 Stunden 11 Minuten. Sie müssen zweimal umsteigen. Der

	Intercity fährt direkt und braucht nur 1 Stunde 42 Minuten.
Fahrgast:	Was kostet die Fahrt?
Angestellter:	Die Fahrt im Regional-Express kostet 33,20 Euro, im Intercity 41,40 Euro.
Fahrgast:	Ok, dann fahre ich mit dem Intercity.
Angestellter:	Möchten Sie eine Reservierung?
Fahrgast:	Nein, danke.
Angestellter:	Das macht dann 41,40 Euro.
Fahrgast:	Hier, bitte.
Angestellter:	Danke. Der Zug fährt von Gleis 7 ab. Gute Fahrt!
Fahrgast:	Vielen Dank! Auf Wiedersehen.

b)

Fahrgast:	Guten Tag!
Angestellter:	Guten Tag, wie kann ich Ihnen helfen?
Fahrgast:	Ich brauche eine Fahrkarte nach München.
Angestellter:	Wann möchten Sie fahren? Brauchen Sie auch eine Rückfahrkarte?
Fahrgast:	Nein, ich brauche nur eine einfache Fahrt für heute Abend.
Angestellter:	Es fährt ein Intercity um 17:22 Uhr oder ein ICE um 18:27 Uhr.
Fahrgast:	Wie lange dauert die Fahrt? Muss ich umsteigen?
Angestellter:	Mit dem Intercity dauert die Fahrt 1 Stunde 54 Minuten. Sie müssen einmal umsteigen. Der ICE fährt direkt und braucht nur 1 Stunde 7 Minuten.
Fahrgast:	Was kostet die Fahrt?
Angestellter:	Die Fahrt im Intercity kostet 45,10 Euro, im ICE 52 Euro.
Fahrgast:	Ok, dann fahre ich mit dem ICE.
Angestellter:	Möchten Sie eine Reservierung?
Fahrgast:	Nein, danke.
Angestellter:	Das macht dann 52 Euro.
Fahrgast:	Hier, bitte.
Angestellter:	Danke. Der Zug fährt von Gleis 4 ab. Gute Fahrt!
Fahrgast:	Vielen Dank! Auf Wiedersehen.

37 *Hörtext (Track 5):*

Meine Damen und Herren an Gleis 11, bitte beachten Sie: Der Intercity aus München, planmäßige Ankunft Frankfurt Hauptbahnhof um 11:20 Uhr, wird voraussichtlich 10 Minuten später eintreffen. Ich wiederhole: An Gleis 11, der Intercity aus München, planmäßige Ankunft um 11:20 Uhr, wird voraussichtlich 10 Minuten später eintreffen.

An Gleis 12 fährt ein, der ICE aus Hamburg. Die Ankunft um 11:44 Uhr. Dieser Zug fährt um 11:49 Uhr weiter nach Zürich über Mannheim, Karlsruhe, Baden-Baden, Freiburg, Basel. Die Wagen der ersten Klasse befinden sich im Abschnitt C. Nächster Halt dieses Zuges: Mannheim. Bitte Vorsicht bei der Einfahrt.

Meine Damen und Herren an Gleis 12, willkommen in Frankfurt Hauptbahnhof. Ihre nächste Reisemöglichkeit: Regional-Express nach Mannheim über Darmstadt, Abfahrt 12:01 Uhr von Gleis 7.

a) Die Durchsagen werden am Hauptbahnhof in *Frankfurt* / ~~*Köln*~~ / ~~*Hamburg*~~ gemacht.
b) Der Intercity *aus* / ~~*nach*~~ / ~~*über*~~ München hat 10 Minuten Verspätung.
c) Der ICE aus Hamburg kommt ~~*zu früh*~~ / *pünktlich* / ~~*verspätet*~~.
d) Der ICE aus Hamburg hat seine Endstation in ~~*Mannheim*~~ / ~~*Basel*~~ / *Zürich*.
e) Die Wagen der *ersten* / ~~*zweiten*~~ / ~~*dritten*~~ Klasse befinden sich im Abschnitt C.
f) Der Regional-Express nach Mannheim fährt von *Gleis 7* / ~~*Gleis 11*~~ / ~~*Gleis 12*~~ ab.

38 a) Zum Bonner Platz fahren die Linien 2 und 4.
b) Nein, nach Liederbach müssen Sie die Linie 2 nehmen.
c) Zum Westfriedhof fahren Sie mit der Linie 3.
d) Nach Bergheim müssen Sie zuerst die Linie 5 zur Lilienallee nehmen. Dort steigen Sie in die Linie 1 um.
e) Fahren Sie mit der Linie 3 zur Sternstraße und steigen Sie dort in die Linie 6 um.

39 *Mögliche Fragen und Antworten:*

Wann kommt der Bus 53? – Der Bus 53 kommt um 16:56 Uhr.
Wann fährt die Tram 21? – Die Tram 21 fährt in 6 Minuten.

Wann fährt der Bus 12? – Der Bus 12 fährt um 17:00 Uhr.
Wann kommt der Bus 7? – Der Bus 7 kommt nicht. Er entfällt.
Wann kommt die Tram 20? – Die Tram 20 kommt in 12 Minuten.
Wann fährt die Tram 22? – Keine Ahnung! Die Tram 22 hat Verspätung.
Wann kommt der Bus 54? – Der Bus 54 kommt um 17:06 Uhr.

40 a) (1) Bildschirm
(2) Münzschlitz
(3) Korrekturtaste
(4) PIN-Pad
(5) Kartenleser
(6) Ausgabefach
(7) Banknoteneingabe
(8) Banknotenrückgabe

b) (6) Diesem Fach kannst du dein Wechselgeld und die gekaufte Fahrkarte entnehmen. Bei einzelnen Automaten kannst du dir auch Fahrpläne ausdrucken lassen.
(1) Auf diesen Touchscreen kannst du drücken und das Ticket auswählen, das du kaufen möchtest. Auf dem Display wird dir auch der Preis für die gewünschte Fahrkarte angezeigt.
(2) In diese Öffnung kannst du Münzen einwerfen, um dein Ticket zu bezahlen. Meistens werden keine 1- oder 2-Cent-Stücke angenommen, sondern es ist nur der Einwurf von der 5-Cent- bis zur 2-Euro-Münze möglich.
(7) An den meisten Automaten kannst du mit 5-, 10- und 20-Euro-Scheinen bezahlen. Aber Vorsicht: Dein Wechselgeld bekommst du oft nur in Münzen zurück.
(5) Du kannst an den Automaten auch bargeldlos bezahlen, indem du deine EC- oder Geldkarte in diesen Schlitz steckst.
(3) Auf dieser Taste ist ein „C“ aufgedruckt. Wenn du sie drückst, werden alle bisherigen Eingaben gelöscht und du kannst noch einmal von vorne beginnen.
(8) Wenn der Automat deinen Geldschein nicht annimmt, kommt er hier wieder heraus.
(4) Bei Kartenzahlung kannst du auf diesem Tastenfeld deine Geheimzahl eingeben.

41 a) Ticket (4), Innenraum (1 Streifen = 1,02 Euro pro Fahrt)
b) Ticket (1), Gesamtnetz (30,30 Euro im Monat)
c) Ticket (2), Innenraum (29,40 Euro im Monat)
d) Ticket (3), Gesamtnetz (33,10 Euro im Monat)

42 *individuelle Lösungen*

43 *individuelle Lösungen*

45 a) Abenteuer
b) Abteil
c) Heißhunger
d) Rassismus
e) Sehenswürdigkeiten
f) Bahnsteig

46 a)
- [ ] fünfzehn
- [ ] sechzehn
- [x] siebzehn

b)
- [x] vier Tage
- [ ] zwei Wochen
- [ ] über die Sommerferien

c)
- [ ] in Berlin
- [x] in Nürnberg
- [ ] in Russland

d)
- [ ] fünf
- [x] dreizehn
- [ ] achtzehn

47 a) Die Fahrt und die Unterkunft werden mit einem Gutschein bezahlt, den die Schule beim Projekt „Schule gegen Rassismus" gewonnen hat.
b) Pedro und Emel informieren sich über den öffentlichen Nahverkehr in Berlin.
c) Die Klasse muss bei der Abreise am frühen Morgen auf Aylin warten.
d) Kerem verpasst am Nürnberger Bahnhof fast den Zug, weil er sich an einem Imbissstand noch Pommes frites holt.
e) Victor stellt seinen Fuß in die Wagentür, sodass sie sich nicht schließen kann.

Bewertungsbogen

In der Tabelle ist noch einmal zusammengefasst, was in der Unterrichtseinheit „Sich orientieren" trainiert wurde. Hier kannst du überprüfen, welche Fortschritte du in der deutschen Sprache schon gemacht hast. Außerdem siehst du, wo du vielleicht noch etwas wiederholen musst.

	☺	😐	☹
Ich kann Zeitangaben machen und erfragen.	☐	☐	☐
Ich kann in verschiedenen Geschäften einkaufen gehen.	☐	☐	☐
Ich verwende bei Ortsangaben die richtigen Präpositionen.	☐	☐	☐
Ich kenne verschiedene Fortbewegungsmittel.	☐	☐	☐
Ich kann mich im Stadtplan, Netzplan und Fahrplan orientieren.	☐	☐	☐
Ich kenne und beachte die Verkehrszeichen.	☐	☐	☐
Ich kann Informationen einholen und Auskünfte erteilen.	☐	☐	☐

Meine Lieblingswörter und Ausdrücke in diesem Arbeitsheft sind:

____

____

Diese Lieblingswörter habe ich außerhalb der Schule gelernt:

____

Hier unterhalte ich mich auch außerhalb der Schule auf Deutsch:

____

Wenn ich auf der Straße Deutsch höre, dann verstehe ich:

☐ alles ☐ sehr viel ☐ wenig ☐ sehr wenig ☐ nichts

Lösungsheft zum Arbeitsheft 1055405
Deutsch als Zweitsprache
Lernfeld 3 „Sich orientieren“
Grundkurs
(Best.-Nr. 1055406)

3 a) Leo und Marie fliegen **nach** Hamburg.
b) Kommst du mit **zu** Nina?
c) Der Zug fährt **durch** einen Tunnel.
d) Bens Vater arbeitet **bei** Siemens.
e) Der IC kommt verspätet **in** Bonn an.
f) Marc wartet **an** der Bushaltestelle.

4 *Mögliche Sätze:*
Am Montag habe ich von 15 Uhr bis 16 Uhr Gitarrenunterricht.
Tischtennis ist am Mittwoch von 17:30 Uhr bis 18 Uhr.
Am Freitag bin ich von 20 Uhr bis 21:30 Uhr im Kino.

5 *individuelle Lösungen*

6

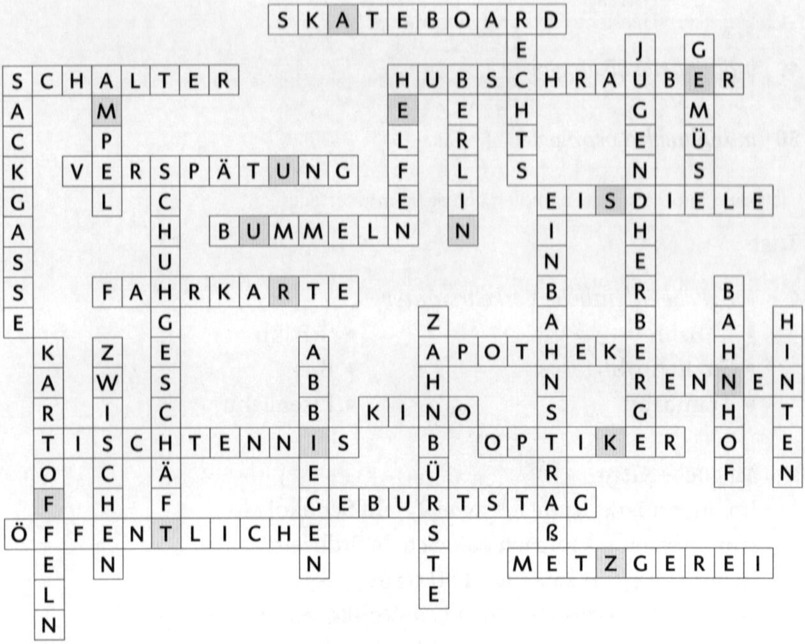

Lösungswort: **EINKAUFSZENTRUM**

48 a)

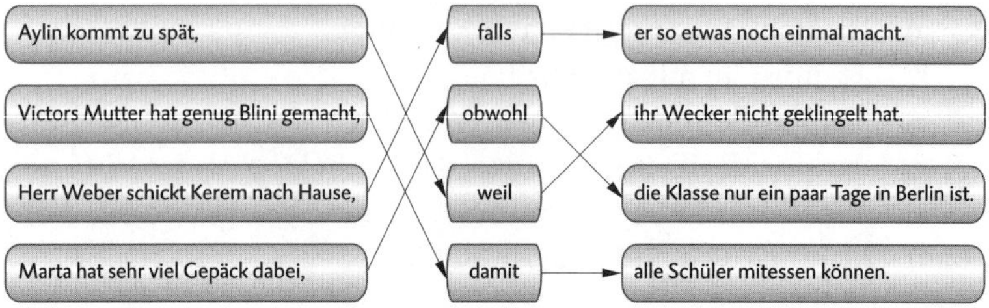

b) Aylin kommt zu spät, weil ihr Wecker nicht geklingelt hat.
Victors Mutter hat genug Blini gemacht, damit alle Schüler mitessen können.
Herr Weber schickt Kerem nach Hause, falls er so etwas noch einmal macht.
Marta hat sehr viel Gepäck dabei, obwohl die Klasse nur ein paar Tage in Berlin ist.

49 *individuelle Lösungen*

50 *individuelle Lösungen*

Test

1 *Mögliche öffentliche Verkehrsmittel:*

- U-Bahn
- Straßenbahn
- Trambahn
- S-Bahn
- Bus
- Eisenbahn

2 *Mögliche Sätze:*
Im Supermarkt kaufe ich zwei Tafeln Schokolade.
Am Obststand kaufe ich eine Schale Erdbeeren.
In der Metzgerei kaufe ich 100 Gramm Salami.
Beim Bäcker kaufe ich einen Laib Vollkornbrot.
In der Drogerie kaufe ich eine Tube Zahnpasta.